KB181507

한 잔의 커피로 마시는 인류 문명사

# 커피 세계사

탄베 유키히로 旦部 幸博 | 윤선해 옮김

황소자리

# 역사를 알면 맛이 달라진다

사람이 무언가를 먹을 때, 그 음식에 담긴 이야기도 함께 먹는다는 말을 들어본 적 있는가.

커피야말로 이 말에 가장 잘 들어맞는 음식이 아닐까 싶다. 한 잔의 커피에는 향기 가득한 로망으로 넘치는 '이야기'들이 녹아 있다. 까만 액체를 입에 머금는 순간 (의식을 하든 안 하든) 우리는 그 이야기까지 함께 마시는 셈이다. 커피의 역사를 아는 것은 곧 커피의 이야기를 알아간다는 의미다. 역사의 낭만을 음미하고 싶거나 지식의 갈증을 해소하고 싶을 때, 우리가 아는 만큼 그 맛의 깊이는 더 깊어질 터. 한 잔의 커피에 담긴 역사를 이 책에서 살펴보려 한다.

'역사'라는 단어를 들으면 '커피는 좋아하지만, 역사엔 그다지 흥미는 없으니까….' 혹은 '역사를 안다고 해서 그게 어떤 의미가 있겠어?' 하고 생각하는 사람이 있을지 모르겠다. 그러나 여기에는 지적 호기심 충족 이상의 큰 가치가 있다. 역사를 아느냐 혹은 모

르느냐에 따라 '커피의 맛있음을 느끼는 마음 자체가 달라진다'는 사실이 바로 그것이다.

설마 맛이 달라지기까지 하겠느냐고 반문하는 사람이 있을지 모른다. 그렇다면 몇 가지 구체적 예를 들어서 작은 사고(생각) 연상 실험을 해보자.

예를 들어 '모카'라는 커피 이름은 모두가 들어봤을 것이다. 모카란 본디 아라비아 반도 남단 예멘에 있는 항구도시의 이름이다. 17세기, 예멘과 에티오피아 산지에서 수확한 커피콩들이 이 항구에서 배에 실려 유럽으로 수출되면서 유명해진 '가장 오래된 커피 브랜드'이자 이후 고가에 거래되는 고급 커피의 대명사로 자리잡았다.

19세기 전반 모래가 쌓이면서 항구는 폐쇄되었지만 '모카'라는 브랜드 명은 살아남아 근린 항구를 통해 수출되었고, 그 명성이 오늘날까지 이어졌다. 오래 전부터 레드와인을 연상케 하는 고품격 향미, 즉 '모카 향'이라는 고유의 향기를 지닌 것으로 알려진 양질의 모카는 어느 시대 문헌을 보아도 최고급품으로 대우받았다. 단 어느 시대든 '예전의 모카는 더 훌륭했다'고 평가하는 사람들이 있다는 점이 매우 흥미롭다. 만약 그들의 평가가 기억의 미화에 의한 것이 아니고 사실이라면, 17세기 모카는 대체 얼마나 맛있었던 것일까?

그런가 하면 '게이샤'라는 특이한 이름의 커피도 있다. 커피의 고향인 에티오피아 서남부 게이샤(또는 게샤)라는 마을에서 1930년대에 발견된 야생종이다. 이름뿐만 아니라 향미도 특이해서 감귤류나 얼그레이 홍차와 같은, 커피답지 않은 향을 지니고 있다.

이 게이샤가 1963년 파나마로 오게 되었지만, 그 후 수확성이 높은 다른 품종으로 이식이 진행되면서 잊힌 품종이 되고 말았다. 그러던 2004년, 한 참가자가 농원 한 귀퉁이에 남겨져 있던 게이샤의 오래된 나무의 커피콩을 모아 파나마 커피 콘테스트에 출품했다. 이 품종의 품위 있고 개성적인 맛이 심사위원들을 사로잡으며 대상을 수상했고, 역대 콘테스트 사상 최고의 낙찰가를 경신하는 이변을 일으켰다. 이후 많은 농원들이 게이샤를 다시 재배하기 시작해 현재에 이르고 있다.

모카와 게이샤, 소위 '최고最古'와 '최신最新'으로 평가되는 두 가지 커피를 간단하게 설명해보았다. 어떤가? 왠지 흥미가 당기면서 그 커피를 한번 마시고 싶어지지 않는가? 앞으로 당신이 '모카'나 '게이샤'라 이름 붙인 커피를 마실 때에는 이전과 다른 맛과 향을 느끼게 될 것이다.

'그거야 단순히 기분 문제가 아닌가?'라며 반문하는 사람이 있을지도 모르겠다. 그러나 우리가 느끼는 '맛있음'이란 단지 맛과 향 같은 감각의 직접 자극으로만 결정되는 게 아니다. 맛은 그것을 체험하는 장소의 분위기나 어릴 때의 식습관, 체험 그리고 직접 자극에 관여되지 않는 '정보' 등에 의해서도 크게 달라진다.

단순한 비타민제를 진통제라 알려주고 먹게 하면 실제 존재하지 않는 진통효과가 나타나는, 일명 '플라시보 효과'가 있다. '맛있음'에도 이와 같은 현상이 일어난다.

예를 들어 미각검사에서 프로들을 모아 식빵을 비교시식할 경

우, 제조원과 가격을 알려주지 않고 채점할 때와 정보를 제공할 때
의 평가는 확연하게 달라진다. 유명 호텔 브랜드를 달거나 가격이
높을수록 실험자들이 한층 맛있다고 느낀다는 사실이 여러 실험에
서 증명되었다.

미각 연구 분야에서는 이를 '정보의 맛있음'이라 부르고, '맛있음'
의 구성요소 중 하나로 정보를 꼽는다. 모카와 게이샤 이야기는 그
일례다. '역사를 아는 것'이 '정보의 맛있음'과 연결돼 커피의 맛을
실제로 변화시키는 요인으로 작용하는 셈이다.

## '진짜 이야기'를 맛보기 위하여

단, 이 '정보의 맛있음'에는 곤란한 문제가 도사리고 있다. 빵을 비
교시식하는 실험에서 고의로 상표를 바꿔 채점한다면? 아마도 유
명 호텔 브랜드가 찍힌 식빵의 점수가 더 높게 나올 가능성이 높
다. '정보의 맛있음'은 그 정보의 진위와 상관없이 개인의 생각과
인식에 따라 유도되기 때문이다.

커피에서도 이런 일이 실제로 일어났다.

2001년 미국의 한 커피 전문지에 '세인트헬레나: 잊힌 커피'라는
제목의 기사가 실렸다. 남대서양에 떠 있는 작은 섬 세인트헬레나
는 나폴레옹이 실각 후 유배되어 최후를 맞았던 땅으로 유명하다.
여기에 유배 중이던 나폴레옹이 이 섬의 커피에 대해 절찬했다는
소문 덕에 인기가 급증하면서 파격적으로 높은 가격이 매겨졌다.

그러나 여기에는 후일담이 존재한다. 2004년 《커피의 진실》을 저술한 저널리스트 앤서니 와일드에 의하면 당시 자료 어디에도 나폴레옹이 절찬한 기록이 나오지 않는다는 것이다. 사실을 말하자면 나폴레옹은 다른 산지 커피를 받아서 마셨고 '이렇게 맛있는 커피는, 이 흉한 집에서 가장 소중하다'고 말한 게 '세인트헬레나 섬에서 좋은 것은 이 커피뿐이다'라는 식으로 변형되고 마침내 세인트헬레나 커피를 절찬했다고 와전됐을 가능성이 높다는 것이다.

역사 속 에피소드는 사실 그 자체보다 다소의 과장과 각색을 거쳐 재미가 더해진 이야기가 사람들에게 수용되고 확산되기 쉽다. 게다가 재미있고 매력적인 이야기는 '정보의 맛있음'뿐만 아니라 커다란 선전효과를 만들어낸다. 그러다 보면 상업적으로 재능 있는 사람들이 관심을 갖지 않을 리 없다.

그러한 선전효과까지 포함하는 것이 '장사'일 터, 다소 재미있게 전달하는 정도를 두고 시비 걸 생각은 없다. 다만 돈을 벌기 위해서라면 자신들에게 용이한 방향으로 '이야기'를 꼬아서 창작해내는 사람들도 있다.

앤서니 와일드의 지적에 대해서도 '혹여 거짓말이더라도 본인이 그렇게 믿어서 맛있게 마신다면, 괜찮은 거 아냐?'라며 반론하는 커피 관계자가 있을지 모른다. 그러나 플라시보 효과가 있다고 해서 정식 치료약 대신 가짜 약을 파는 것은 의학논리상 인정될 수 없다. 커피도 마찬가지다. 싸구려 내용물을 고급품이라 선전하며 비싸게 판다면, 이것은 사기 외에 아무것도 아니다.

실제로 18~19세기경부터 유럽에서는 커피에 치커리와 옥수수 등을 섞어 속여 파는 업자들이 많았다. 따라서 당시 커피 애호가들은 '진짜 커피'를 마시기 위해 항상 주의를 기울여야만 했다. 나 역시 마찬가지다. 커피 애호가 중 한 사람으로서 어떤 커피를 마시든 '진짜 이야기'를 맛보고 싶다. 과장과 각색 등이 섞이지 않은 진짜 커피의 이야기를.

이것이 내가 이 책을 집필하게 된 동기이다.


## 《커피 과학》이 일으킨 반응

그나저나 나는 바이오계 연구자로서 평소에는 대학에서 미생물과 암 연구 및 교육을 하고 있다. 다만 대학시절 취미로 시작한 커피에 푹 빠져버렸다. 커피의 매력에서 헤어나지 못하고 관련 서적과 연구문헌을 찾아 읽고 공부하다 보니 어느새 1,000건을 넘어버렸다.

그렇게 얻은 지식을 바탕으로 2016년 《커피 과학》을 출간했고, 예상 밖으로 큰 반향을 얻어 증쇄를 이어가고 있다. 특히 독자들로부터 의외로 호평을 얻었던 부분이 '커피의 역사'라는 장이었다.

'커피 재배가 세계적으로 확산되는 과정이 도둑질의 연속이었다니!' '홍차로 유명한 스리랑카도 예전에는 커피를 재배했으니 병충해 탓으로 단념하게 되었다고? 게다가 그 전환점에 토머스 립톤 경이 등장한 것이 놀라웠다' 등등, 호의적인 독후감들이 줄을 이었다.

실은 이 '커피의 역사'라는 장은 초고 단계에서 꽤 많은 분량이었는데, 이과계 이야기를 중심으로 싣다 보니 이야기를 대폭 축소할 수밖에 없었다. 따라서 아쉬운 마음으로 재배사와 기술사만 남기고 원고를 들어낸 뒷사정이 있었다.

그러던 참에 커피 역사를 좀 더 상세히 알고 싶다는 독자들의 요청이 잇따랐고 이에 답하고자 커피 역사만을 정리한 한 권의 책을 내기로 했다. 이 책《커피 세계사》는 역사를 좋아하는 문과계 사람들을 위한 커피입문서라고 불러도 좋을 듯하다.


## 본격적인 커피통사를 그대에게

커피 역사에 관한 문헌으로 윌리엄 H. 유커스의《*All about coffee*》라는 책이 있다. 관계자들 사이에서 커피 바이블이라 불리는 책으로, 이것이 전후 일본에서 쓰인 커피책의 중요한 출발점이었다. 단 최종판 출판년도가 1935년이어서, 틀린 부분이나 속설이라고 판명된 내용이 적지 않다. 또 커피에 대해 소개하는 미디어 중에는 아직도 그 오래된 정보를 그대로 소개하는 곳이 많다.

실은 유커스 이후에도 잘 알려지지 않았지만 현대 미국 커피에 관해 쓴 마크 펜더글러스트의《커피 역사》, 중세 중동 커피의 기원을 해설한 랠프 해톡스의《커피와 커피하우스》가 나왔고, 일본에서도 우스이 류이치로의《커피가 돌고 세계사가 돌고》등 명저가 출판되었다.

그러나 모두 전문가용이거나 특정 시대, 특정 지역에 특화된 내용이 대부분이다. '역사를 배울 때는 우선 통사부터'라고 하지만,

커피에 대해서는 일반인용으로 추천된 통사 책이 없는 셈이다.

그래서 '책이 없다면 내가 만들자'라는 마음으로 선사시대부터 현재에 이르기까지 커피가 거쳐온 역사를, 기원에 관한 최신 가설까지 반영하면서 가능한 이해하기 쉽게 썼다. 최근 화두인 '스페셜티' '서드 웨이브Third wave' '쥰킷사(순수커피다방)' 등도 실은 정리되지 않은 혼란 속 용어이지만, 각각의 역사를 제대로 알면 '그렇군, 그래서였구나.' 하고 개운한 마음으로 무릎을 칠 것이다.

또한 시대의 흐름이라는 '세로의 이어짐'뿐만 아니라 복수의 국가와 지역 간 관계, 커피와 사회 그리고 경제 정세와의 관계 등 '가로의 이어짐'에도 착목하는 '글로벌 히스토리' 방식으로 커피와 함께 펼쳐진 이야기를 소개한다.

'영국 근대사의 뒤편에 커피가 있다' '프랑스혁명의 뒤편에 커피가 있다?!' '세계의 커피를 나폴레옹이 바꿨다?' '커피가 만들어낸 억만장자들' '동서냉전과 커피 간 의외의 관계' 등등, 학교에서 역사 시간에 배웠던 여러 역사적 사실들이 색다른 모습으로 커피와 이어진다는 사실에 독자들은 깜짝 놀라게 될지도 모른다. 인류 문화와 커피의 역사 간 얽히고설킨 이야기에 관해 상상의 나래를 펼쳐보면서(과거의 위인들과 이름도 없던 시민들이 어떤 커피를 마셨는지 생각하면서) 조금은 다른 각도에서 '커피의 맛있음'을 재발견할 수 있을 것이다.

자, 이제부터 좋아하는 커피 한 잔 곁에 두고 이 책을 읽어주시길 바란다.

# 차례

# 커피의 기초지식

커피는 세계 제3위 음료 • 커피의 어원은? • 커피의 3원종 •
커피가 만들어지기까지

역사에 관한 이야기를 시작하기 전에, 모두가 아는 듯 모르고 있는 커피의 기본 지식을 간단하게 정리해본다.

## 커피는 세계 제3위 음료

우리가 평소 자연스럽게 마시는 커피. 이 음료는 커피나무라는 꼭두서니과 식물의 종자(커피씨)로 만들어진다. 차나 코코아처럼 카페인을 함유한 커피는 단순히 맛있는 음료에 머물지 않는다. 일과 공부를 하는 사이 기분을 전환하거나 졸림을 방지하고, 스트레스 완화 효과를 얻는 등 전문적인 표현을 빌리자면 '정신약리적 작용'을 하는 기호식품으로서 전 세계인에게 사랑받고 있다.

현재 총소비량을 보면 단순계산으로도 하루 약 25억 잔. 물과 차(1일 약 68억 잔) 다음으로 소비량이 많은 음료이다. 단 한 잔당 사용하는 분량이 찻잎은 약 2그램인데 반해 커피는 약 10그램임을 고려하면 원료의 총 소비량에서는 차를 웃돈다는 계산이 나온다.

국가별로 살펴보면 북유럽 국가들의 소비가 가장 많다. 1위 핀란드는 일인당 평균 1일 3.3잔, 미국은 1.2잔이며 일본은 1.0잔이다.

# 커피의 어원은?

그렇다면 '커피'라는 명칭은 어디서 생겨난 것일까.

이는 아라비아어의 카와qahwah에서 유래한다. 이 말이 터키어의 카베kahve가 되고, 이후 유럽에 이 음료가 전해지면서 coffee(영국), café(프랑스), kaffee(독일) 등 각국어로 파생되었다. 일본에는 네덜란드인이 처음 들여왔기 때문에 네덜란드어 Koffie에서 '코히'라는 명칭이 생겼다. 즉 '珈琲'라는 한자는 에도시대 네덜란드 학자인 우다가와 요안宇田川榕庵이 최초로 사용했다고 전해지는데, 아마도 중국어 표기 '咖啡'에서 독자적으로 고안했을 것이라고 여겨진다.

중세 아라비아의 사전 편집자에 의하면, 아라비아어의 '카와q—h—w—'는 본래 '식욕을 없애준다 q—h—y'라는 말에서 파생된 단어로, 그 어의 때문에 와인을 의미하는 오래된 말 중 하나였다고 한다. 그것이 아라비아 반도에서 커피가 음용되기 시작한 15세기경부터 '수면욕을 없애주는' 음료를 가리키는 말로 정착한 듯하다.

카와의 어원과 관련해서는 커피나무 원산지인 에티오피아 서남부 '카파kaffa'라는 지명에서 유래한다는 또 다른 설도 있다. 단 아라비아어의 카와가 음료로서의 커피를 가리킬 뿐 커피나무와 커피콩(아라비아어로 분bun)을 의미하지 않은 것으로 보아, 연구자들 대부분은 이 설에 대해 의문을 제기한다.

게다가 카파라는 지명의 유래를 들어봐도 그렇다. 확인할 수는 없지만 이 지명에 얽힌 아랍인의 전설에 따르면 에티오피아에 이슬람의 가르침을 알리기 위해 서쪽으로 떠났던 수도사가 그 지역에

도착했을 때 '이제 충분하다<sub>yekaffi</sub>.' '더 이상 가지 않아도 된다.'라는 알라신의 말씀을 들었다 해서 그 이름이 붙었다고 한다.

## 커피의 3원종

커피의 원료가 되는 커피나무는 아프리카 대륙 원산인 상록수이다. 열대산으로 추위에 약하고 통칭 '커피벨트'라고 불리는 남북회귀선 사이, 열대~아열대에 걸친 국가들에서 재배되고 있다. 열대산이라고는 해도, 고도가 높은 산지의 키 큰 나무숲 사이 그늘에서 자라는 식물이기 때문에 강한 햇살이나 더위에는 의외로 약하다. 연평균 기온 15~25도, 고도 1,000~2,000미터 고지대가 양질의 커피를 만들기에 적당하다고 알려져 있다.

세계의 커피콩 생산량은 현재 연간 약 900만 톤(60킬로그램 마대로 거래되며, 환산하면 약 1억 5,000만 자루). 최대 생산국인 브라질이 전 세계 생산량의 3분의 1가량을 차지하며 베트남, 콜롬비아, 인도네시아가 그 뒤를 잇는다. 원두 대부분은 미국, 유럽, 일본 등 소비국으로 수출된다. 수출 총액은 많은 해에 200억 달러에 달했고, 열대지역 1차 생산품 중에서는 식유 다음으로 많은 중요한 서래상품이다. 또 최근 들어 생산국의 국내 소비가 증가하는 추세이다.

커피나무의 동족(꼭두서니과 코페아속)으로는 현재 125개의 식물종이 알려져 있다. 주로 재배되는 것은 아라비카종과 로부스타종(식물학상 정식명칭은 카네포라종)이며 여기에 리베리카종을 더한 세 종류를 '커피의 3원종'이라 부른다.

이 중 아라비카종은 에티오피아 서남부 에티오피아(아비시니아) 고원이 원산이다. 뛰어난 향과 적절한 산미를 지니고, 일반적으로 가장 높게 평가받지만, 병충해에 약한 것이 '옥의 티'이다. 아라비카종이 현재 전 세계 생산량의 60~70%를 차지한다.

나머지 30~40%를 차지하는 게 로부스타종이다. 중앙아프리카 서부가 원산으로, 향미 면에서는 아라비카종에 떨어지지만 병충해에 강하고 수확량이 많으며, 비교적 저지대에서도 재배되기 때문에 내병품종으로 확산되었다. 산미가 적고 쓴맛이 강하며 독특한 흙맛(로부스타취)이 있어서 강배전 블랜드의 재료로 이용된다.

남은 하나, 리베리카종도 중앙아프리카 서부가 원산이다. 단 품질 면에서는 아라비카에 뒤지고 내병성에서는 로부스타에 뒤지기 때문에, 현재 아시아와 아프리카 일부 지역에서 아주 조금만 재배되고 있다.


## 커피가 만들어지기까지

커피나무는 한 해에 1회 혹은 수 회(국가나 지역에 따라 달라지지만 통상적으로 우기가 시작될 때), 재스민과 유사한 향을 지닌 흰색 꽃을 피운다. 그 후 6~9개월에 걸쳐 커피체리라고 불리는 빨갛고(품종에 따라서는 노란색) 앵두 같은 열매가 익어간다. 열매 안에는 통상 반구형의 큰 종자가 두 개, 마주보는 형태로 들어 있다. 이 종자가 바로 우리가 아는 커피콩이다.

농원에서 수확한 열매는 집적장에 모은 뒤, 커피 종자만을 골라내는 공정을 거치게 된다. 열매 속의 커피콩은 파치멘트라는 단단한 껍질에 싸여 있고, 이것이 얼마간 건조된 상태에서 기계적으로 작은 힘을 가해 껍질을 벗기면 그 안에서 연녹색의 커피생두를 꺼낼 수 있다.

'정제'라고 부르는 이 공정은 다음과 같은 방식으로 이루어진다.

(1) 건식(드라이 프로세스) 별명: 내추럴

(2) 습식(웨트 프로세스) 별명: 수세식(워시드)

(3) 반수세식(세미 워시드) 별명: 펄프드내추럴, 허니프로세스

이 중 어느 방식을 채택할지는, 산지와 생산자에 따라 달라진다(24쪽 표 참고).


정제된 생두는 보관과 수송 중에 유해한 곰팡이가 생기지 않도록 수분 양을 12% 이하로 건조한 후 소비국으로 수출돼 가공처리 과정인 '배전'을 거친다.

배전이란, 한마디로 생두를 볶는 것이다. 배전기라는 기계를 사

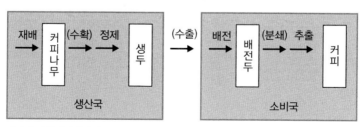

커피가 만들어지기까지

| 명칭 / 별명 | 정제의 흐름 | 주요 지역 | 비고 |
|---|---|---|---|
| • 건식<br>• 내추럴<br>* 비수세식이란<br>표현은 '씻지 않<br>는=더러움' 연상<br>시켜 사용 안 함 | 건조 → 탈각<br>→ (생두) | 브라질 | 비교적, 단기간(1주일~)에 건조.<br>바디감이 강하고(=스트롱커피),<br>소프트한 휘발성 산미 |
| | | 에티오피아/예<br>멘/중미의 일부<br>지역 | 건조중에(~4주간) 과육이 발효.<br>위의 특징에 잘 익은 과일과 와<br>인 등 발효 향(모카 향) |
| • 습식<br>• 수세식(워시트) | 과육제거 →<br>수조발효 →<br>세정 → 건조<br>→ 탈각 →<br>(생두) | 상기 이외<br>(물 사정이<br>좋은 산지) | 과육제거(펄프처리) 후, 하룻밤<br>수조에 담가 물속 미생물에 의<br>해 표면에 남은 점액질을 분해.<br>쓴맛 억제해(=마일드 커피), 과<br>일 같은 산미를 지닌, 깔끔한(클<br>린한) 맛 |
| • 반수세식(세미워<br>시드)<br>• 펄프드내추럴<br>• 에코워시드<br>• 허니프로세스 | → 과육제거<br>→ 건조 →<br>탈각(생두) | 브라질 ·<br>중미 일부 | 펄프드내추럴(에코워시드)<br>과육 대부분을 제거, 수세식에<br>가까운 클린한 향미 |
| | | 중미 등 일부 | 허니프로세스. 과육 제거 정도<br>조정. 많이 남기면 발효향이 강<br>해지고, 건식에 가까운 향미 남. |
| | | 인도네시아<br>(수마트라 ·<br>슬라웨시) | 수마트라식, 건식탈각(기린 바<br>사). 탈각제거 후, 수분 많은 상<br>태로 탈각하는 특수방법. 허브<br>향미나 흙맛, 까망베르치즈 같<br>은 발효향 |

용해 180~250도까지 생두를 가열한다. 이 과정에서 수분이 증발
하고 생두는 점차 황색, 갈색, 흑갈색으로 변화해 고소한 향기와
쓴맛을 지닌 '배전두roasted bean'로 다시 태어난다.

약배전→중배전→강배전 순으로 배전(배전도)이 진행되면서 생
두 색이 점차적으로 변하고, 이와 함께 맛과 향도 크게 변화하게
된다. 일반적으로 약배전은 태운 설탕이나 너트류의 고소한 향과

산미가 도드라진다. 그 후 강배전으로 가면서 산미는 약해지는 반면 쓴맛이 강해지고 비터초콜릿과 스카치위스키를 연상시키는 중후한 향미와 복합적이며 깊이 있는 맛으로 변화한다.

배전한 커피콩을 커피그라인더로 곱게 분쇄하여 뜨거운 물(또는 찬물)로 성분을 녹여낸다. 이 공정이 '추출'이다. 페이퍼드립, 융드립(천), 커피사이폰, 에스프레소 등 각종 추출기구가 있으며, 추출법에 따라 커피 맛도 달라진다.

우리가 마시는 커피는 이렇듯 여러 과정과 방법을 거쳐 만들어진다. 생두의 품질과 품종, 정제법의 차이, 배전도와 추출법, 그리고 추출기술 같은 요인들이 모여 '맛있는 커피 한 잔'으로 탄생하는 것이다.

# 커피 이전 역사

현재 전 세계 사람들이 마시는 기호음료 중에서 차는 5000년, 카카오는 4000년의 역사를 지닌다고 전해진다. 반면 커피가 음용되기 시작한 확실한 시대는 15세기경. 차와 카카오에 비하면 매우 짧은 역사다. 그러나 실은 커피가 차와 카카오보다도 훨씬 오래 전에 인류와 만났을 가능성이 높다. 그 최초의 만남은 언제였을까? 이 장에서는 여러 가지 실마리로 그 수수께끼에 다가가본다.

## '염소치기 칼디'와 '쉐이크 오말'

시중에 나와 있는 커피책들을 읽어보면, 커피와 인간의 만남에 관한 두 가지 에피소드가 나온다. 각색된 여러 버전이 있지만, 그 골자는 대체로 다음과 같다.

### 1. '염소치기 칼디' 발견설

칼디라는 이름의 염소치기 소년이 키우던 염소를 산으로 데려갔을 때, 염소들이 지나치게 흥분한 모습에 신기한 나머지 가만히 지켜보았다. 그랬더니 염소들이 풀섶에 열린 빨간 열매를 먹고 있었다.

소년도 따라서 먹어 보았더니 왠지 기분이 좋아져서 염소들과 함께 덩실덩실 춤추며 놀았다는 이야기이다.

또 이를 목격한 (또는 이야기를 들은) 수도승이 야간에 기도할 때 이용하기 시작했다는, '잠들지 않는 수도원'의 전설로서 소개되기도 한다.

## 2. '쉐이크 오말' 발견설

무고한 죄를 뒤집어쓰고 예멘의 모카라는 마을로 추방된 이슬람 수도자 쉐이크 오말(샤이프 우말. 쉐이크·샤이프는 장로와 족장이라는 뜻)이 배고픔에 시달리며 산중을 헤매고 있었다. 그때 빨간 열매가 달린 나무를 발견했고 이를 먹었더니 피로가 회복되었다는 이야기이다.

이 열매를 작은 새가 안내해 발견하게 되었으며, 이후 이 열매로 만든 수프로 모카 마을을 역병으로부터 구해 죄를 용서받았다는 등 여러 버전의 이야기가 전해진다.

개중에는 이들을 사실처럼 소개하는 책도 있지만 실은 그렇지 않다. 이 두 가지 발견설을 최초로 소개한 17세기 중반 문헌들이 지금도 남아 있는데, 그 문헌은 '설화와 민간전례'라는 점을 분명하게 밝히고 있다.

염소치기 소년의 전설은 이탈리아에서 아랍어 교사를 하던 시리아 사람 파우스트 나이로니가 1671년에 쓴 《커피론》에 맨 처음 나온다. 종종 에티오피아 고지대의 이야기로 오해되지만 장소는 오리엔트(중동) 어딘가이며, 시대는 불명이다. '칼디'는 아랍계 이름이다. 다만 원전에는 소년의 이름이 나오지 않고, 키우던 가축도 낙타 또는 염소라고 쓰여 있을 뿐 함께 춤췄다는 기록도 없다.

한편 수도자 쉐이크 오말 이야기는 오스만 제국의 카팁 체레비 Katip Celebi가 1650년경에 쓴 당시 최대 지리서 《세계의 거울Gihan numa》에 최초로 등장한다. 예멘 민간 전례로 소개되는 이야기의 전반에는 전혀 다른 이슬람 성자의 에피소드가 섞여드는 등 사실로 보기에는 신빙성이 결여되어 있다.

그런데 단순한 전설로 치부될 수도 있는 이 두 개의 발견설에서 세 가지 공통적인 요소가 발견된다.

(1) 주인공(아마도 아랍계의 인물)이 산속에서 아무도 모르게 자라고 있던 커피를 발견했다.

(2) 처음부터 음료였던 것이 아니라 열매를 먹은 게 그 시작이다.

(3) 신경흥분과 피로회복 등 약효 발견으로 이어졌다.

자, 그렇다면 진짜 이야기는 어떠했을까.


## 커피나무 루트

여기서 이야기가 갑자기 장대해진다. '지구와 생명의 역사'로 거슬러 올라가는 것이다. 커피나무는 언제 어떻게 지구상에 나타나게 된 것일까?

그 직접 증거가 되는 커피나무 화석은 아직 발견된 적이 없다.

그러나 근종의 꼭뚜서니과 식물의 꽃가루 화석은 몇 개 발견되었다. 이들이 출토된 지층 연대와 식물 간 유전자적 차이를 근거로 진화 연대를 추측해내는 '분자진화시계' 해석으로 대체적인 연대를 추정할 수 있다. 이에 따르면 커피나무의 기원은 중신대(약 2300만년 전~530만년 전)까지 거슬러 올라가고, 약 1440만년 전 카메룬 부근(중앙아프리카)에서 근종 식물과의 공통조상으로부터 원시적인 커피나무 동종(커피나무속)이 생겨나 아프리카 대륙 일대 열대림으로 확산된 것으로 추정된다.

이후 아프리카 대륙 중부에서 1000만년 전~500만년 전에 걸쳐 대규모 지각변동이 일어나고, 에티오피아부터 탄자니아로 이어지는 대지구대the Great Rift valley가 형성되었다. 폭 수십 킬로미터, 깊이 100미터에 달하는 이 거대한 대지의 균열은 삼림을 분단시키고 많은 생물의 이동을 막아 각 지역에서 독자적인 진화의 길을 걸었다. 커피나무도 그 중 하나로, 이 무렵부터 아프리카 각지에서 다양하게 분기되었다. 이것이 약 420만년 전이라고 알려져 있다. 또 이때 소말리아 반도에서 진화한 것의 일부가 인도 연안부와 오스트레일리아 북부로, 탄자니아에서 진화한 것의 일부가 코모로 제도와 마다가스카르 섬에 각각 전파되었다.

그 후 300만년 전경부터 도래한 빙하기에 많은 종이 절멸했지만, 일부는 7만년 전~1만년 전 최종빙하기에도 살아남았다. 현재는 아프리카 대륙에 43종, 마다가스카르 섬에 68종, 오세아니아에 14종 등 도합 125종의 커피나무 야생종이 자생하고 있다.

그러나 125종 중 커피로 이용되는 것은 고작 세 종류. 이미 설명한 아라비카종, 로부스타종,리베리카종으로 구성된 '커피 3원종'이다. 인류가 커피로서 처음 이용한 것은 아라비카종이었다. 그러다 19세기 후반 녹병이라는 병해가 세계적으로 만연하면서 내병 품종

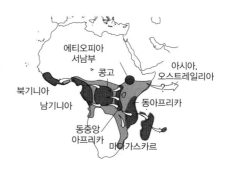

아프리가 대륙에서 전파되다
앤서니의 연구(2010)를 바탕으로 작성

탐색이 이어졌고, 이때 발견된 것이 리베리카종과 로부스타종이었다.

3원종 중 로부스타종과 리베리카종은 중앙아프리카 서부의 공통 조상으로부터 갈라져 생겨난 것이지만, 아라비카종은 태어난 경위가 조금 다르다. 최신 유전자 연구결과에 따르면, 아라비카종은 커피나무가 아프리카 각지에서 진화를 거친 후, 탄자니아 서부 고지대에서 자생하는 유게니오이디스종eugenioides이라는 커피나무에 로부스타종 화분이 수분되어 생겨났다는 사실이 밝혀졌다.

로부스타종과 유게니오이디스종은 본래 다른 지역 식물이다. 다만 빅토리아 호 북서부에 위치한 앨버트 호 주변에는 두 종류가 함께 자생 가능한 지역이 현존한다. 시금부터 66만 5000년 선경, 앨버트 호 주변까지 번식지를 넓히며 두 품종이 만났고 그 사이에서 태어난 자손이 대지구대의 산지를 따라 에티오피아 서남부까지 확산되었다. 숲속에서 빙하기를 견뎌낸 그 자손이 현재의 아라비카종 기원이라는 가설이 유력하다.

## 커피와의 최초 만남

커피나무의 고향인 아프리카 대륙은 우리 인류의 고향이기도 하다. 인간, 고릴라, 침팬지의 공통 조상과 오랑우탄의 조상이 분기된 것은 커피나무속이 출현한 시기와 같다(1400만년 전경). 그후 약 700만년 전 중앙아프리카의 인류 조상에 해당하는 '유인원'이 분기되었고, 약 200만년 전 탄자니아에서 인류 직계 조상인 현생인류의 공통조상이 생겨났다고 알려져 있다. 그렇게 보면 지구상에서는 커피나무가 인류보다 훨씬 '선배'인 셈이다.

이후 사람속Homo의 일부는 170만년 전 아프리카에서 유라시아 대륙으로 이동해 네안데르탈인과 데니소와인 등의 '구인류'가 되었다. 반면 아프리카에 남았던 그룹에서 '호모사피엔스' 즉 우리의 선조가 태어났다. 현재까지 밝혀진 가장 오래된 호모사피엔스는 약 20만년 전 에티오피아에 살았던 것으로 보인다. 이때는 이미 아라비카종도 에티오피아에 널리 서식하고 있었다.

앞서 소개한 두 가지 커피 발견설은 '산속에서 아무도 모르게 자라고 있던 커피를 발견했다'라는 이야기였지만, 각각의 탄생 역사를 거슬러 올라가보면 진짜 '최초의 만남'은 그렇지 않았을 가능성이 더 높다. 커피나무는 실은 인류가 지구상에 태어난 순간부터 이미 가까이에 있었던 식물이기 때문이다.

다시 생각해보면 차는 5000년, 카카오는 4000년의 역사를 지녔다고 하지만, 이들 식물과의 만남은 인류가 유라시아 대륙과 아메리카 대륙에 각각 이주한 다음의 일이다. 즉 인류 탄생 시점까지 거슬러 올라가는 커피나무와의 만남이 훨씬 빨랐을 가능성이 높다는 말이다.

다만 커피나무가 자생하는 중앙아프리카와 에티오피아 서남부에서는 거대한 문명이라고 할 만한 것이 발달하지 않았다. 이에 비해 차와 카카오의 경우 해당 지역 문명이 발달했고, 문헌과 유적을 통해 이용 기록이 다수 보존됐다. 그 덕에 오래된 역사가 알려지게 된 것이다.

## 커피는 '금단의 과일'?

일부 예외를 제외하고 커피나무속 식물은 종류에 따라 함량은 다르지만, 종자인 커피콩 이외 부분에도 카페인을 함유하고 있다. 열매라고 예외가 아니다. 카페인은 일부 곤충에 대해서는 독성을 지녀서, 해충 피해 방지역할을 한다고 여겨진다. 그러나 조류나 포유동물에는 거의 무해하다. 실제로 커피가 자생하는 지역에서는 원숭이, 새, 사향고양이 등 많은 동물들이 열매를 먹고 산다. 우리 조상 역시 태어날 때부터 친숙했던 커피 열매를 먹었을 것이라고 쉽게 상상할 수 있다.

《커피의 진실》이라는 책의 저자인 저널리스트 앤서니 와일드 역시 그러한 주장을 펴는 사람 중 하나다. 그는 한 발 더 나아가 '에티오피아에 자생하던 야생 커피 열매에 함유된 카페인이 인류의 진화에 도움을 주지 않았을까?' '커피야말로 성서에 나오는 지혜의 열

# 동물의 ○○○에서 채취한 최고급 커피

잭 니콜슨과 모건 프리먼 주인공으로 나온 영화 〈버킷 리스트〉가 있다. 암으로 시한 부 삶을 선고받은 두 남자가 '죽기 전에 하고 싶은 일들' 리스트를 만들어 실행해 간다는. 웃음과 눈물이 공존하는 감동 영화다. 이 작품에서 잭 니콜슨이 연기한 억만장자는 '최고급만 먹고 마신다'는 삶의 신조(?)를 지녀서, 커피의 경우 '루왁'이라는 고가의 브랜드만을 마신다.

이 루왁 커피는 원래 '아는 사람만 아는' 커피였지만, 1995년 이그노벨상(이상하고 웃긴 연구에 표창을 하는, 노벨상을 패러디한 행사)에서 영양학 상을 수상하면서, 갑자기 유명세를 탔다. 일본에서 제작된 영화 〈카모메 식당〉에도 루왁이 등장한다.

루왁 커피는 인도네시아에서 만들어지는 커피로, 현지의 언어로 '코피'는 커피, '루왁'은 사향고양이를 가리킨다. 이 루왁 커피는 커피 열매를 먹은 사향고양이의 배설물을 모아, 그 안에 있는 소화되지 않은 커피콩을 채취해낸 것이다.

'왜 그렇게까지 해서⋯!'라고 생각할지 모르지만, 의외로 그 역사는 오래되었다. 1868년 프랑스에서 출판된 앙리 베텔의 명저 《커피의 역사에 관한 에세이》를 보면, 네덜란드령 인도네시아의 에피소드로 이미 소개되어 있다. 현지 사람들은 일반적인 커피콩을 더 선호하지만, '전설'적인 가치가 있기 때문에 이를 모아서 판매한다는 이야기이다.

사향고양이 이외에도 유커스의 명저 《All about coffee》(1922)에는 인도와 아프리카의 원숭이나 새가 커피 열매를 먹어서 종자를 운반하게 된 이야기, 인도에서는 원숭이의 배설물에서 '몽키 커피'를 채취한다는 등 유사한 이야기가 나온다. 또 브라질에서는 농원에 사는 자쿠라는 새의 배설물에서 채취한 '자쿠 커피'를 고가에 판매하며, 최근 태국에서 코끼리에게 열매를 먹여 그 배설물에서 골라낸 '블랙 아이보리'라는 커피도 알려져 있다.

'더럽다'고 생각하지 모르지만, 장에서 과육만 소화되고 커피콩은 단단한 파치먼트에 싸인 채 배설되기 때문에 파치먼트를 제거하면 내용물은 '일단' 더럽지 않다. 만일 어떤 균이 섞여들더라도 배전할 때 전부 죽을 것이므로 이 역시 '일단' 위생적 문제가 없다. 물론 기분상의 문제는 사람마다 다르기 때문에 무리해서 마셔보라고 추천할 마음은 없다.

궁금한 것은 아마도 그 맛과 향일 텐데, 사향고양이의 몸을 통과했다고 해서 사향이나 고양이 냄새가 나는 것은 아니다. 다만 사향고양이의 장내 미생물에 의한 발효가 독특한 향미를 만들어내는 것은 사실이다. 상품별로 차이가 커서 한마디로 정의하기는 어렵지만, 대체로 쓴맛이 적고 약배전으로 마시는 경우가 많아서 부드러운 산미와 오렌지 같은 향, 그리고 생땅콩을 연상시키는 독특한 향이 있다. 강배전을 하게 되면 특징이 사라지지만 카카오 같은 향미로 변화한다. 하지만 이런 특징들은 과육을 강하게 발효시키는 커피에서 느낄 수 있는 보편적 향미이다. 따라서 루왁 커피만의 고유 특징이라고 말하는 게 맞는지, 솔직히 잘 모르겠다.

최근에는 값이 비싸다는 이유 외에, 고양이를 좁은 우리 안에 가두어둔 채 열매를 억지로 먹이는 업자들도 있어서 동물학대 문제가 불거지기도 했다. 뭐든 지나치게 화제가 된 후에는 과열 현상이 나타난다는 측면에서 걱정이 앞선다.

매가 아닐까?'라고 추측했을 정도이다.

하지만 그건 지나치게 부풀려진 추측이라는 게 나의 솔직한 견해다. 로망은 있지만 이를 지지할 만한 과학적 근거를 아직까지 찾지 못했기 때문이다. 무엇보다 진화를 촉진시킨다는 것은, 생물학적으로 유전자를 변화시킨다는 의미와 같다. 카페인이 그렇게 간단히 돌연변이를 촉진할 만한 '물건'이었다면, 안심하고 마실 수 없는 노릇이다.

커피가 인류 진화에 도움을 주었다는 주장은 과장이겠지만, 역으로 인류의 조상이 커피의 진화에 도움을 주었을 가능성은 농후하다. 그러니까 열매를 먹은 작은 동물들이 유목을 타고 강이나 바다를 건너 다른 땅에 이동하는 사이 그들의 배설물에 의해 커피나무가 퍼져나갔을 것이며, 우리 선조들도 이러한 '운반책'이 되었을 가능성은 매우 높기 때문이다.

## 산속에 남겨진 커피

커피나무가 자생하는 숲속에서 탄생한 호모사피엔스는 이후 에티오피아에서 유라시아, 그리고 세계 각지로 여행을 떠나게 되었다. 지금부터 약 7만년 전의 일이다.

아프리카로부터 이주는 수차례에 걸쳐 이루어졌다. 최근 유전자 연구결과를 보면, 이주한 곳에는 이미 그 전에 이동해 거주하던 네안데르탈인과 데니소와인이 있었고, 이들과 호모사피엔스 일부가 섞이면서 현재까지 이어진 게 '현생인류' 루트인 것으로 밝혀졌다.

이에 비해 커피로 이용되는 아라비카종이 에티오피아에서 세계로 퍼져나간 것은 훨씬 이후의 일이다. 아프리카에서 태어난 재배 작물은 세계로 널리 전파돼 커다란 영향을 준 '확산형'과 한정된 지역에 머물렀던 '국소형'으로 구분된다. 전자의 대표로 수수, 조, 피 등이 있고, 후자로는 에티오피아 고지대에 재배되는 곡물인 테프 teff(물과 섞어서 유산 발효시킨 가루를 크레프 상태로 얇게 굽는 '인제라 injera'의 원료)와 엔세테ensete(나무바나나. 잎줄기 쪽에 생기는 전분 덩어리를 식용으로 사용)를 들 수 있다.

테프도 엔세테도 현지에서는 주식이 되는 중요 작물이지만, 고도 2,000미터 열대 고지대에서 자라는 식물이므로 다른 지역에서는 재배가 불가능했다. 아라비카종도 이들처럼 고도 1,000~2,000미터 열대 고지대에 적응한 식물이다. 따라서 인류의 조상이 아프리카를 떠난 후에도 에티오피아 산속에 남겨진 채 현지 사람들만이 아는 존재가 되어갔다.

## 에티오피아의 독자적인 커피문화

'민족박물관'이라고도 불리는 에티오피아는 오로모인oromo(34%), 암하라인amhara(27%), 티그리인tigre(6%) 외에 80개 넘는 민족으로 구성된 다민족 국가이다. 오래 전부터 원시적인 생활을 해온 소수민족이 현재까지 공존하는 이 나라에는 실로 다종다양한 문화와 풍습이 혼재되어 있다. 흥미로운 것은 그러한 풍습 속에 오늘날 우리의 음용법과는 크게 다른 커피 이용법이 전해진다는 사실이다. 이러한 이용법 중에는 비교적 최근에 생겨난 것도 있으므로, 여기서 조금 정리해보도록 하겠다.

## 커피 세레머니

에티오피아의 독자적 음용법 중에서 가장 유명한 것이 '커피 세레머니'일 것이다. 에티오피아와 에리트레아eritrea에서 손님을 맞을 때 행하는, 일본의 다도와 닮은 분위기의 의식이다.

방에는 꽃과 풀을 깔아 향이 피어나게 하고, 화로에 걸친 철냄비 위에서 생두를 살살 저어주며 강배전한다. 막 볶은 콩을 손님에게 건네 그 향을 즐기게 한 후, 나무주걱과 사발로 콩을 잘게 부순 다음 제베나jebena(자바나)라고 불리는 포트로 끓여 컵에 담아 대접한다. 커피를 볶거나 내리는 것은 에티오피아에서 여자(주부)들의 몫이었다고 한다.

팝콘 등을 간식으로 하여 담소를 나누며, 통상 세 번 배전을 할 때까지 도합 세 잔을 마시는 것이 예의다. 생두를 볶는 과정부터 한 시간 반에서 두 시간 정도가 걸리는, 아주 천천히 진행되는 의식이다. 일본에서도 에티오피아 요리식당에서 음식을 먹거나 에티오피아 관련 이벤트에서 이 의식을 행할 때가 있다.

그런데 이 커피 세레머니 의식은 오래된 문헌에서는 찾을 수 없고 출처도 확실치 않다. 서남부 마장길족이 행하는 '카리오몬

kariomon'이라는 커피 잎을 차로 음용하는 풍습에서 유래했다는 설도 있지만, 실제로 의식에서 사용되는 용어에는 아랍어, 티그리어, 암하라어가 섞여 있으며 기구나 배전 방식, 추출법에도 아랍의 영향이 짙게 배어 있다.

또한 역사적 배경을 살펴봐도 비교적 최근에 만들어진 것으로 추정된다. 에티오피아 역사의 중심은 북부~중앙 고지대 암하라인과 티그리인을 중심으로 하는 기독교도(에티오피아정교도)들의 나라 즉 에티오피아제국(1270~1974)이다. 그런데 그들에게는 커피를 마시는 습관도 없었으며 커피 생산과도 그다지 관련이 없었다.

19세기 말, 에티오피아 황제 메네리크 2세가 북동부 커피 생산지였던 하라와 서남부족의 국가들을 통합했다. 부국강병에 의한 에티오피아 근대화를 목표로 했던 그는 커피 생산을 장려하고 스스로 솔선해서 커피를 마시기 시작했다고 한다. 다만 에티오피아에서 대중적으로 음용이 확산된 것은 1930년대로, 일본에 커피가 보급된 시기와 거의 비슷하다. 커피 세레머니가 세계적으로 알려지기 시작한 것도 1990년대 들어서이다. 그러므로 이 의식은 20세기에 생겨난 전통일 가능성이 있다.

**인류 최초의 '에너지 볼'**

일본의 커피책에서는 찾아볼 수 없지만, 미국이나 유럽의 커피책에는 커피 역사의 시작 부분에 '5000년 이상 전부터, 에티오피아의 오로모인이 전쟁에 나설 때 커피를 휴대하여 먹었다'는 이야기가 종종 등장한다.

볶아서 분쇄한 커피에 동물의 기름(버터)을 섞어 둥글게 반죽한 것으로, 카페인에 의한 흥분과 버터의 높은 칼로리로 인해 기분이 좋아진 병사들이 전투에서 활약하는 데 도움을 주었을 것이다. 인류 최초의 커피는 에너지 드링크가 아닌 '에너지 볼'이었다는 것이다. 에티오피아 서남부 국경 부근에서 살아가는 오로모인의 일부 마을에 현재까지 '부나 카라'라는 이름으로 이 풍습이 남아 있다.

그 존재를 처음 언급한 사람은 타나 호수가 청나일(아바이)의 원류라는 것을 찾아낸 18세기 탐험가 제임스 브루스였다. 에티오피아 내륙부를 탐험한 그의 수기에 따르면, 이 휴대식을 먹었던 것은 '가라족'이라고 쓰여 있다. 이는 암하라인이 오로모인을 가리켜 '야만족'이라는 의미로 부르는 멸시의 호칭이다. 현재 오로모인은 스스로를 '오로모(힘이 있는 자)'라는 이름으로 부르지만 말이다.

오로모인은 본래 에티오피아 남동부 소말리아와의 국경 부근 고지대를 홈그라운드로 삼았던 반농반목의 호전적인 부족 오로모족의 자손이다. 매우 오래된 부족인 오로모인은 16~17세기경 시다모족을 비롯해 여러 부족을 침공한 이후 에티오피아 각지로 퍼져나가, 현재 에티오피아에서 가장 인구가 많은 부족이 되었다.

'오로모의 에너지 볼'은 커피 세레머니 다음으로 널리 알려진 에티오피아의 독자적 커피 이용법이다. 재미있는 이야기이지만 처음 커피를 이용한 것이 정말로 오로모족이었는지, 이들이 5,000년 전부터 '에너지 볼'을 먹었었는지는 여전히 의문으로 남는다.

실은 오로모족이 에티오피아를 침공하기 이전부터 아라비아 반도에서 커피를 마셨다는 기록도 있으며, 오로모족이 오랫동안 살았던 남동부 소말리아 국경 부근 산지는 커피나무 자생 지역과 거리가 있기 때문이다.

게다가 오로모족은 정복한 다른 부족의 풍습을 쉽게 흡수해 자신들의 '자식'으로 받아들이는 것으로 유명했다. 따라서 에티오피아 침공 당시 커피를 이용했던 부족의 풍습까지 받아들였을 가능성이 높다. 그러니까 정작 에너지 볼을 처음으로 사용한 사람들은 오로모족에 흡수된 다른 부족이었을지 모른다.

## 생활의례와 밀접하게 연결되어 있다

'커피 세레머니'와 '에너지 볼'이 커피 이용의 기원으로서 확산되었다는 사실은, 암하라인 및 오로모인이 현대 에티오피아의 주류 부족이라는 사실과 밀접하게 연결돼 있다. 그러나 아라비카종의 식물학적 분포를 보면, 처음 커피와 만났던 것은 그들이 아니라 에티오피아 서남부 소수부족이라고 추정하는 게 더 자연스럽다.

에티오피아 서남부는 현재 '남부국가민족주'라는 행정구로 묶여있고, 그 이름으로 알 수 있듯 매우 많은 부족으로 구성되어 있다. 각각의 부족은 독자적인 언어와 문화를 지금도 계승하고 있으며, 커피를 여러 형태로 이용하는 부족이 여전히 많다.

교토대 후쿠이 교수팀이 실시한 현지조사에 따르면, 에티오피아에서 '커피'를 의미하는 말은 중심부의 경우 아라비아어에서 온 '분(분사 혹은 보노)'이다. 반면 서남부에서는 '카리' '티고' '기아' 등 부

# 씹는 커피, 또 하나의 커피의 시작

아라비카종의 고향인 에티오피아에 독자적인 커피문화가 있는 것처럼, 로부스타종 (카네포라종)에도 고유한 이용법이 존재한다. 빅토리아 호 서안, 탄자니아 서북부 부코바 bukoba라고 불리는 지방에 사는 하야족haya이 가진 풍습이 바로 그것이다. 그들이 애용하는 건 커피콩이 아니다. 익지 않은 열매와 약초를 함께 데쳐 천일건조하거나 훈제한 이 음식은 '씹는 커피'라고 불리는데 종종 콩째 씹어 간식처럼 먹거나, 손님에게 대접하거나, 선물로 사용한다.

결혼식에서 서로의 배꼽에 상처를 내어 나온 피를 커피에 묻힌(!) 후 서로의 손바닥에 놓인 그것을 직접 입으로 먹기도 한다. 에티오피아 서남부에 지지 않을 정도로 다채로운 생활밀착형 이용법이 전해 내려온 셈이다.

이 '씹는 커피'에 관해 맨 처음 기록한 책은 19세기 중반 나일강 원류를 탐색하던 중 빅토리아 호victoria lake와 탄가니이카 호Tanganyika lake를 발견한 영국인 리처드 버튼과 존 스피크의 수기이다. 당시 그곳에는 카라구에라는 왕국이 있었고, 로부스타종 커피나무가 중요한 재산이자 권위의 상징으로 여겨졌다고 한다. 족장만이 커피 밭을 소유했으며 사람들은 족장의 허락 아래 자신의 커피나무를 밭에 심은 후 '씹는 커피'를 만들었다는 것이다.

카라구에의 문화를 지금까지 유지하는 하야족은 자신들의 먼 선조가 아주 오래 전에 에티오피아에서 커피를 가지고 왔다고 믿고 있다. 사실 카라구에는 15~18세기 에티오피아 서남부에서 남하한 나일어족계 우목민牛牧民의 일족이 족장을 맡는 국가였다. 빅토리아 호 주변에 살던 선주 농경민은 그들로부터 소를 빌려 대량의 작물을 만들어낼 수 있었고, 소라는 재산을 누구에게 얼마에 빌려줄지 선택할 수 있었던 우목민들이 마침내 권력을 틀어쥐고 족장의 자리에까지 앉게 된 것이다. 말하자면, 이 커피 이용 루트 역시 에티오피아 서남부였다고 할 수 있다.

그런데 '씹는 기호품'이라는 점과 부족 내에서 권위를 부여하는 데 이용되었다는 점이 서아프리카의 중요한 교역 물품이던 코라 열매 사용법과 비슷하다. 어쩌면 선조가 가지고 있던 에티오피아 서남부에서의 커피 이용 지식과 남하하면서 터득한 코라 열매 사용법을 빅토리아 호 서부 로부스타종 커피에 두루 적용한 결과, '씹는 커피'가 탄생한 건지도 모른다.

19세기 후반 이곳을 식민지화했던 독일과 영국은 하야족이 아라비카종을 재배하도록 다각도로 노력을 기울였다. 하지만 아라비카종으로 만드는 '씹는 커피'는 그들의 입에 영 맞지 않았던 모양이다. 식민 지배에 대한 반란 끝에 자치권을 획득한 부코바 지방의 하야족은 지금도 로부스타종을 재배하고 있다.

족별로 다양한 말을 사용하고 있다. 이는 고유어라고 불리는 것으로, 실은 그 다양성이 커피 이용의 기원에 대한 중요한 실마리를 제공한다.

가령 커피가 처음 일본에 소개되었을 때 이용법과 함께 '커피'라는 '사물의 이름'도 함께 전해졌듯이, 어떤 '물건'을 나중에 알게 된 사람들은 이전부터 사용했던 사람들과 같은 '물건의 이름'을 자연스럽게 받아들인다.

바꿔 말하면 에티오피아 서남부에서 발견되는 고유어의 다양성은 각 부족이 다른 부족에게 배운 적 없는 독자적 커피를 사용했다는 것, 즉 그들의 선조야말로 '커피를 처음 이용한 사람들'이었을 가능성을 높여주는 증거 중 하나가 된다.

에티오피아 서남부에서는 커피를 부르는 용어 말고도 그 이용법이 매우 다양하다. 잎과 콩을 음료로 하는 방법 외에 약으로 사용하거나 신선한 열매를 야채처럼 그대로 먹기도 한다. 또 말린 과육을 버터로 볶아먹기도 하며, 새로운 곳으로 이주할 때 사람들의 몸에 커피를 문질러 몸을 정화하는 의식에도 이용한다. 아이가 태어났을 때 집에서 커피를 입에 머금고 사방의 벽에 뿜어 뱉어내거나 청혼을 할 때 남성이 여성의 부모에게 보내는 선물로 쓰이는 등 인생의 여러 통과의례 때 중요한 품목으로 사용된다.

생활의례와 이토록 밀접하게 관련된 것이야말로 에티오피아 서남부 사람들이 오래 전부터 커피를 이용해온 증거라고 봐도 무방할 것이다. 동시에 단순한 식용을 넘어 독특한 사용법이 있다는 것은, 그들이 커피의 특별한 '힘'을 알았다는 반증이기도 하다. 커피는 열매와 잎에도 카페인이 함유돼 있다. 따라서 이를 먹었던 사람들이 카페인이 지닌 각성과 피로경감 작용을 '힘'으로 여기며 의례에 사용해온 것일 수 있지 않은가.

# 2장

# 커피, 시작의 이야기

에티오피아 서남부에 진출 • 《의학전범》에도 수록 • 400년
공백기 • 《동방견문록》에서 말하는 에티오피아 정세 • 십자
가의 종, 암다 시욘 • 열쇠를 쥔 하라 • 예멘의 카와 • 카와
에서 커피로 • 분 카와와 기실 카와

인류의 선조가 아프리카에서 더 넓은 세상으로 여행을 떠난 후 에티오피아 산속에 남겨진 커피나무. 어떻게 해서 둘이 다시 만나고, 커피라는 음료가 탄생했을까. 지금까지 많은 연구자들이 그 수수께끼를 풀기 위해 노력했지만, 정보가 끊겨 있는 부분이 너무 많아 명쾌하게 규명되지 못하고 있다. 그러나 언뜻 커피와 관계없을 듯한 당시의 에티오피아 주변 사회 정보를 여러 연구결과에 겹쳐보면 퍼즐 조각들이 하나둘 모이고, 이것이 에티오피아에서 예멘으로 커피가 걸어간 길을 드러내준다. 이번 장에서는 그 '시작의 이야기'를 좇아보려 한다.

## 에티오피아 서남부에 진출

에티오피아 서남부 부족들은 언제부터 커피를 이용했던 것일까. 유감스럽게도 이 질문에 대한 직접적인 해답은 없다. 매우 오래 전이라고 여겨질 뿐, 서남부 부족은 문자문화가 없었기 때문에 그들 자신의 삶을 기록으로 남기지 않았다. 에티오피아 서남부에 대해 알 수 있는 가장 오래된 기록은 기독교도와 이슬람교도가 남긴 자료이다. 그들이 에티오피아 서남부에 진출해 커피를 이용하고 있던 현지 부족과 처음 만난 건 9세기경이라고 추정된다.

## 기독교도와 서남부 부족

에티오피아의 기독교도들 사이에는 '에티오피아판 고사기'라고 할 수 있는, 1270년경에 편찬된 기록물 《케브라 나가스트*kebra nagast*》가 전해진다. 이 역사서는 기원전 10세기, 구약성서에도 나오는 솔로몬 왕과 시바 여왕 사이에 태어난 아이가 에티오피아에 건너와 나라를 세웠다는 전설부터 시작한다. 이는 어디까지나 전설이므로 정말로 3,000년의 역사를 지녔는지는 불명확하다. 그러나 적어도 지금부터 2,000년 전인 1세기경에는 홍해에 면한 에티오피아 북부 고지대에 악숨Aksum이라는 왕국이 존재했다.

이 나라가 기독교화된 것은 4세기경으로 알려져 있다. 당시 홍해는 페르시아 만과 함께 아시아와 유럽을 연결하는 '바다 실크로드'의 요충지였다. 그 홍해의 현관을 지배하는 악숨 왕국은 교역에서도 크게 발전했다.

7세기 아라비아 반도에서는 이슬람교가 부흥했다. 하지만 615년 예언자 무함마드의 최초 신도들이 마카(메카)에서 박해받는 일이 발생했고, 이를 피해 도망쳐온 사람들을 악숨 왕국이 받아들였다. 따라서 악숨 왕국은 기독교 국가이면서도 이슬람교도와 우호적 관계에 있었다.

그러나 9세기경 이슬람 상인 세력이 홍해 연안부에서 강력하게 부상하면서 악숨 왕국은 그들에게 밀려 점차 내륙부로 남하하기 시작했다. 선주부족들이 살고 있던 서남부를 침략하기 시작한 것이다. 9세기 말~10세기 초에는 악숨 왕 데그나 장이 서남부의 에나리아(지금의 이스키아)까지 원정을 와서 대량의 황금을 발견했으며, 수많은 원주민을 노예로 끌고 개선했다고 전해진다.

에나리아는 20세기 초반에는 에티오피아를 대표하는 커피 산지였으며, 이것이 서남부 커피 자생지에 관한 가장 오래된 기록 중 하나라고 할 수 있다.

## 이슬람교도와 서남부 부족

한편 이슬람교도와의 관계는 어떠했을까. 634~644년경, 예언자 무함마드의 씨족인 쿠라이시족 족장의 아들 중 하나가 부하들을 이끌고 메카에서 홍해 연안 제이라로 건너간 것이 이슬람교도가 에

에티오피아에서 커피가 전파된 경로(가설)

티오피아로 향한 최초의 기록이다.

침공과 약탈이 목적이었던 기독교도와 달리 그들의 주요 목적은 '상업'이었다. 에티오피아로 건너간 최초의 무리도 상인이었다. 그들은 현지 족장의 허락을 받아 그곳에 체류하면서 내륙부로 진출했고, 9세기에는 기독교도들과 함께 서남부에 안착하게 된다.

안착한 이슬람 상인들은 현지에서 그 수를 늘리면서 권력을 쥐기 시작했다. 그리고 896년, 서남부에 근접한 쇼아shoa(현재의 아디스아바바)에 에티오피아 내륙부 최초의 이슬람 국가 '쇼아 술탄국'을 세웠다고 한다.

이렇게 9세기경 기독교도와 이슬람 상인들의 손에 의해 에티오피아 서남부 루트가 개척되었다. 그러나 당시 서남부와 교역한 기록에는 커피에 관한 것은 나오지 않는다. 에티오피아의 최대 수출품은 '노예'였고, 그 대부분이 아라비아 반도에 수출되었다.

그 중에서 아라비아 반도 남단 예멘에서는 당시 지야드 왕조Ziyadid(819~1018)의 수도 자비드에 성 요새를 건설하기 위해 많은 노예를 사와야 했는데, 그 숫자가 점점 늘어 11세기에는 자손을 포함한 에티오피아계 주민이 아랍인을 웃돌았을 정도라고 한다. 지야드 왕조가 내분으로 멸망한 후 에티오피아계 주민이 중심이 되어 세운 세계 최초의 아프리카계 이슬람 왕조 나자Najahid(1022~1158)가 부흥했다는 기록도 남아있다.

## 《의학전범》에도 수록

이처럼 많은 에티오피아인이 예멘으로 건너갔음에도, 노예로 팔려 간 탓인지 그들이 커피를 전했음을 알려주는 기록은 남아 있지 않다. 그러나 흥미로운 부분은 이 시대 이후 당시 '세계 학문의 중심'이었던 페르시아 의학서에 커피라고 추정되는 생약이 기록되기 시작했다는 사실이다.

9세기 후반에서 10세기 초경, 테헤란 근교 레이라는 마을에 한 학자가 있었다. 그 이름은 알 라지Al-Razi. 유럽에서는 후세에 라제스Rhazes라는 이름으로 알려진 고명한 철학자이자 연금술사, 의학자였다. 925년에 사망한 후에도 그가 쓴 글들은 제자들에 의해 《의학집성》이라는 책으로 만들어지게 되었다.

이 책은 아쉽게도 현존하지 않는다. 다만 과거의 연구자들에 따르면 그 책에 '분 혹은 분카'라는 이름의 식물 열매와 그 종자를 끓여서 만든 '약'이 등장한다고 한다. '분'이라는 단어는 15세기 이후 아라비아어로 커피 열매와 커피콩을 의미했다. 때문에 이 《의학집성》이 커피에 대해 언급한 최고의 문헌이라고 알려져 있다.

알 라지 이후 약 100년 뒤 페르시아에서 또 한 명의 위대한 학자가 활약했다. 그 이름은 이븐 시나Ibn Sina. 유럽에서 '아비센나'라는 이름으로 알려져 있다. 그가 1020년에 쓴 《의학전범》은 라틴어로 번역되어 13세기 이후 서양의학에도 큰 영향을 미쳤다. 이 책의 '약' 해설에 '분큼 혹은 분코'라는, 예멘에서 보낸 식물 생약이 소개된다. 이 역시 '분'과 같은 말로 커피콩을 가리킨다고 여겨진다.

알 라지의 '분'과 이븐 시나의 '분큼'. 10~11세기에 저술된 두 기록이 커피에 관한 최초의 역사자료이다. 다른 식물의 뿌리라는 의견도 있어서 솔직히 확언할 수는 없다. 그러나 두 문헌이 나타난 시기와 에티오피아 서남부 사람들이 노예로 끌려간 시기 및 예멘에서 그 수가 증가한 시기가 겹친다는 점은, 이 시기 아라비아 반도에 커피가 전해졌을 가능성을 시사하는 근거 중 하나가 된다.

최근 이 가설을 보강하는 또 하나의 증거가 발견되었다. 1996년 두방 북동부에 위치한 쿠시 유적에서 1100년경 중국과 예멘에서 만들어진 도자기 파편과 함께 탄화한 커피콩 두 알이 출토되었다. 이 콩은 나중에 섞여 들어간 게 아니라 그 시대에 탄화된 것이라고 추정된다. 다만 우연히 불 속에 들어간 것인지, 인위적으로 배전된 것인지는 확인할 수 없다. 추가 분석이 필요하겠지만, 아라비아 반도를 사이에 두고 홍해 반대쪽에 있는 페르시아 만 인근 유적에서 발굴된 이 커피콩은 당시 커피 이용이 확산되고 있었음을 보여주는 중요한 실마리가 되지 않을까.


## 400년 공백기

10~11세기가 되어 겨우 모습을 드러내는 듯하던 커피 관련 기술은 이후 400년 넘도록 문헌에서 사라졌다. 그리고 다시 커피가 등장한 것은 15세기, 예멘에서다. 이 긴 공백기에 대체 무슨 일이 있었던 걸까. 궁금증의 실마리를 찾기 위해 조금 시점을 달리해서 커피와

직접 관계는 없지만 예멘의 역사 흐름을 살펴보도록 하자.

예멘에서는 1021년 자비드를 수도로 하는 나자 왕조가 들어섰다. 그 중심은 에티오피아계 주민이었고, 인구는 많았지만 신분이 낮은 노예 출신들이어서 이슬람에 관한 지식과 교양을 갖지 못한 사람들이 대부분이었다. 그런데 이슬람 세계에서는 뛰어난 종교지도자가 율법의 가르침에 따라 국가를 통치하고 사람들을 이끌어가는 게 상식으로 자리잡고 있었다.

이로 인해 나자 왕조에 따르지 않는 부족도 많아서 작은 왕조들이 우후죽순 생겨났고, 그들 간 다툼이 끊임없이 이어졌다. 이 혼란은 1174년 이집트 아이유브Ayyubid 왕조가 예멘을 침공해 자이드파(시아파의 일파) 라시드 왕조(893~1962)가 통치하는 북예멘을 제거하고, 수니파 세력이 강한 남부와 연안부 일대를 통일할 때까지 계속되었다.

그 후 아이유브 왕조가 제6회 십자군(1228~1229)과 맞서는 틈을 타 아바스Abbasids 왕조에서 파견된 전령관의 자손인 라수르Lasour가의 만수르 우말Mansour Omar이 예멘 독립을 기획했다. 예멘에서 일어난 타 부족 간 반란에 편승해 만수르 우말이 세운 왕조가 라수르(1229~1454)이다. 라수르 왕조 하의 예멘은 아덴을 교역항, 자비드를 학술종교도시로 하어 안정된 번영의 시대를 구가했다.

한편 나자 왕조 멸망 후에도 자비드에는 다수의 에티오피아계 주민이 살면서 '아비드'라 불리는 일대 세력을 형성하고 있었다. 그러나 라수르 왕조 시대로 접어들면서 여러 개의 모스크와 학교가 자비드에 건설되었고, 많은 학자들이 모여들었다. 라수르 가문 왕족들은 이슬람 정통파 신학자와 법학자들을 아군으로 하여 자신들의 지배체제가 (이슬람 교리에 비추어) 정당하다는 주장을 뒷받침하고자 했다.

이렇게 라수르 왕조에서는 학식 있는 사람들이 대접받았고, 아비드들은 사회적으로 낮은 지위로 밀려나게 되었다.

어쩌면 이러한 역사적 사실이 '커피 공백기'와 관련이 있을지도 모른다. 커피 '분 또는 분카'는 신분이 낮은 아비드들이 미개발 지역인 산악에서 가져왔다는 이유로 자비드 학자들로부터 저속한 것으로 폄하된 건 아닐까. 실제로 라수르 가의 국왕 중 한 명이 저술한 농학서에도 커피에 관한 내용은 기술되지 않았다.

## 《동방견문록》에서 말하는 에티오피아 정세

라수르 왕조 말기, 알 라지로부터 400년이 흘렀을 때 예멘에서 다시금 커피가 모습을 드러냈다. 아마도 이 시기에 에티오피아에서 예멘으로 커피가 다시 전래된 듯하다. 그 즈음 에티오피아에서도 드디어 실마리가 되는 근거가 발견된다. 조금 시간을 거슬러 이번에는 에티오피아의 역사 흐름을 훑어보고자 한다.

에티오피아 고지대의 기독교 국가 악숨 왕조는 9세기경부터 무리해서 남벌을 하던 중 11세기경 서남부족의 반격을 받으면서 기세가 약해지기 시작했다. 그 후 12세기경에 신하 부족이었던 아가우족 장군이 왕가를 치고 자그베Zagwe 왕조라는 새로운 국가를 세웠다. 이렇게 해서 1,000년 이상 이어진 악숨 왕조는 종말을 맞았다.

그러나 1270년 악숨 왕가의 최후 후손인 예쿠노 암라크가 쇼아 지방에서 봉기했다. 근린 이슬람교도의 힘을 등에 업은 그는 자그베 왕조를 물리친 후 쇼아 지방에 암하라족의 기독교도를 중심으로 하는 국가를 재건했다. 이것이 1975년까지 이어진 기독교도(에티오피아정교) 국가, 솔로몬 왕조 에티오피아 제국의 시작이다.

한편 당시 '아잠의 땅(발 알 아잠)'이라 불리던 에티오피아 홍해 연안부(에리트레아, 지부티, 소말리아)는 메카에서 건너온 쿠라이시족의 자손이 이슬람 지도자로서 현지의 부족을 이끌며 새로운 씨족과 마을을 일으켰다. 10세기에 건너와 소말리아 최대 씨족 더로드의 조상이 된 샤이프 더로드와 1216년에 에티오피아 북동부 산지 하라를 제압하고 시크하르 씨족(샤이프의 일족을 의미)의 조상이 된 '하라의 수호성인' 피키 오마르(신학자 오마르)가 그 대표이다.

또 1185년에는 스스로를 술탄이라 칭한 쿠라이시족 우말 와라시마가 일족을 이끌고 제이라로 건너와 에티오피아 고지 입구에 위치한 이파트까지 일대(자발타)를 장악한 뒤 이파트 술탄국을 세웠다. 그들은 1285년 에티오피아 제국과 우호관계에 있던 쇼아 술탄국을 물리치고 에티오피아 고지대로 진출하지만 이로 인해 기독교도들과 적대관계에 놓인다.

당시 에티오피아의 기독교도와 이슬람교도가 결정적으로 대립한 사건이 마르코 폴로의 《동방견문록》에도 기록돼 있다.

에티오피아 제국의 제2대 황제 솔로몬 1세(1285~1294)는 성지 예루살렘을 순례하고 싶어했다. 하지만 성지를 순례하기 위해서는 적대관계인 이슬람 영토를 통과하지 않으면 안 되었으므로 신하들의 반대가 강했다. 1288년, 솔로몬 1세는 자신을 대신해 사제 한 명을 예루살렘으로 보냈다. 사제는 무사히 예루살렘에 도착했고, 그의 훌륭한 모습을 본 성지 사람들이 크게 감동했다고 한다.

그러나 귀가하던 도중 하라에 있는 아달의 마을(원문에는 아덴이라고 오인됨)에서 이슬람교도들에게 붙잡혔다. 사제는 개종을 요구받았으나 종교적 신념을 꺾지 않았다. 그러자 마을 사람들은 이교도의 손에 할례당했다는 굴욕을 준 후 사제를 풀어주었다. 솔로몬 1세는 격노했다. 그는 곧바로 아달을 공격하고 설욕전에서 승리를 거둔다. 이것이 이 사건의 전말이다.

## 십자가의 종, 암다 시온

이 사건 이후 솔로몬 왕조 에티오피아 제국은 이교도에 대해 강경 노선을 관철하는데, 그 중에서도 특히 용맹하게 이름을 떨친 사람이 솔로몬 1세의 조카뻘인 제9대 황제 암다 시온 1세다. 역대 에티오피아 황제 중에서도 선두를 다투는 영웅이다.

1314년에 즉위한 그는 스스로를 '십자가의 종(게브레 마스켈)'이라 칭하며 이교도들과의 전쟁에 몰두하였는데, 그 절정이 1316년 서남부 다모트로 침공이었다. 거기서 그는 이교도인 선주민 대부분을 노예로 만들어버렸다. 선주민 중 몇 명만이 간신히 그의 손길을 피해 다른 땅으로 도망갔다고 전해진다.

이후 그는 이슬람 상인과의 노예 매매로 부를 축적하고 있던 하디야hadiah라는 마을로 눈을 돌렸다. 암다 시욘은 그곳을 통치하고 있던 선주민의 왕 아메로에게 솔로몬 왕조에 복종하라고 요구했다. 그러나 베르암이라는 이름의 예언자가 아메로 왕에게 '싸우면 이긴다'라고 진언했고, 예언자의 말을 믿은 왕은 요구를 거절했다. 이에 분노한 암다 시욘은 왕을 비롯해 주민 대부분을 학살해버렸다. 살아남은 자 대부분은 노예가 되었고, 예언자 베르암을 포함한 극소수만이 이파트로 도망을 쳤다.

암다 시욘은 이제 에티오피아 북부 토벌에 나섰다. 그런데 1320년경 카이로에 보냈던 사절이 귀국하던 도중 이파트 술탄국에 포로로 잡혔다는 소식을 듣고 분노해 이파트로 방향을 돌렸다. 1328년에 이파트, 1332년에 아달 케이라를 공격해 제압한 암다 시욘은 와라시마 가문을 꼭두각시로 내세워 이파트 술탄국을 속국화한다.

이렇게 암다 시욘은 즉위해서 1344년 사망할 때까지 30년 간, 남북으로 날아다니며 제국의 영토를 넓혀갔다. 스스로 직접 군대를 이끌고 전투를 이어간 그의 생애 때문에 이후 역사학자들이 '솔로몬 왕조는 수도를 갖지 않은 국가였다'라고 평했을 정도다.

한편 와라시마 가문 사람들은 이후 여러 대에 걸쳐 솔로몬 왕조에 반역을 기획했으나 모두 실패로 끝났다. 그리고 1410년 와라시마 가의 최후 술탄 사아닷딘 2세가 반란에 실패한 뒤 도주한 제이라에서 살해당하며 이파트 술탄국은 멸망했다. 이때 사아닷딘의 자녀 열 명이 예멘으로 도망갔는데, 5년 후 그 중 한 명이 돌아와 아달 술탄국(1415~1577)을 세웠다.

언뜻 커피와 아무 관계가 없는 역사가 계속된 듯하지만, 이 이야기 속에 커피의 기원이라 여겨지는 중요한 힌트가 담겨 있다.

14~15세기에 걸쳐 에티오피아 서남부에서 이파트를 거쳐 홍해 연안부, 예멘에 도달하기까지 비교적 거대한 사람들의 이동이 일어났던 것이다. 그리고 이 움직임 이후 15세기 예멘에서 커피가 모습을 드러낸다. 그렇다면 이것은 단순한 우연의 일치였을까?


## 열쇠를 쥔 하라

이때 분쟁에서 도망쳐 살아남았던 사람들이 커피 전파에 관여했는지 여부를 직접적으로 알려주는 자료는 남아 있지 않다. 그러나 현재 에티오피아 커피나무의 식물학적 분포에서 한 가지 실마리를 찾을 수 있다. 그 열쇠를 쥐고 있는 것이 하라의 커피이다.

하라는 에티오피아를 대표하는 커피 산지 중 하나이면서, 예외적 특징이 많은 이채로운 지역이다. 에티오피아의 주요 커피 산지는 서남부에 집중되어 있는데 하라만이 동부에 해당하는 홍해 연안에 위치한다. 또한 서남부에서는(최근에는 근대적인 커피 재배를 하는 곳이 증가했지만) 숲속에 자생하는 나무에서 커피 열매를 채집하는 것이 일반적이었던 데 반해, 하라는 '커피 재배가 시작된 땅'으로 불리면서 오래 전부터 인위적인 재배가 이루어졌다.

유럽인으로 처음 케냐 산과 킬리만자로를 본 독일인 선교사 요한 크라프흐는 1860년 자신의 저서에서 '500년쯤 전 에티오피아 끝에서 하라의 산지까지 사향고양이에 의해 커피콩이 운반된 게 커피 재배의 시작'이며, 아랍인에 의해 커피가 전해졌다고 밝혀두었다. 이 전설에 따르면 그 시작은 14세기경이 된다.

그렇게 오래된 산지임에도 하라의 커피가 유명해진 것은 20세기 초, 에티오피아 제국이 적극적으로 커피를 수출하게 되면서였다. 그때까지 에티오피아의 커피는 예멘으로 모인 뒤, 모두 다 '모카'라 는 이름으로 수출되었다. 지금도 볼 수 있는 '예멘 모카' '에티오피아 모카' '모카 하라' 등의 이름은 이러한 역사 배경에서 나왔다.

1950년대 미국과 유럽의 커피나무 조사팀이 서남부를 탐색해 다수의 에티오피아 야생종을 발견했는데, 그들 중 하라의 나무들과 유사한 특징을 지닌 한 그루의 커피나무가 있었다. 채취한 마을 북쪽에 있는 큰 지역의 이름을 따서 '월키테wolkitte'라고 불리는 이 야생종이 하라에서 재배된 커피의 직접 조상이라고 추정되는데, 그 나무 발견 장소부터 남동쪽으로 60킬로미터 떨어진 지점에 암다 시욘에 의해 주민학살이 일어났던 마을 하디야가 있다.

역사적 사건으로 인한 사람의 이동과 식물학적 분포라는 두 가지 측면을 놓고 볼 때, 14세기에 일어난 에티오피아 서남부에서의 충돌에 의해 하디야에서 홍해 연안부로 도망쳐 살아남은 사람들이 커피나무를 생육 가능한 고지대 하라에서 재배하기 시작했을 가능성이 있다. 운반 주체가 사향고양이이든 사람이든, 아랍인의 구전과도 많은 부분 부합되기 때문이다.

또한 현재의 예멘 커피는 크게 네 종류로 구분되는데 자비드 북쪽 부라산 주변의 품종(브라이)이 가늘고 긴 콩으로, 하라에서 유래하는 품종이라고 알려져 있다. 나머지 세 종류는 모두 둥글다. 그 중 두 가지(우다이니, 다와이리)는 에티오피아 서남부 에나리아 부근에 각각 닮은 특징을 지닌 야생종이 존재하며, 남은 하나(투파이)는 두 가지 중 어느 하나가 돌연변이한 것으로 보인다.

이들 품종의 특징으로 보건대 커피나무는 여러 차례, 에티오피아에서 홍해를 건너 예멘으로 건너간 듯하다. 어쩌면 9~10세기 악숨 왕국에 잡혀 있던 에나리아 사람들이 전한 커피나무의 자손이 둥근 콩을 맺는 우다이니와 다와이리를, 그리고 14세기에 하디야 부근에서 하라를 거쳐 예멘으로 건너온 것의 자손이 가늘고 긴 콩을 맺는 브라이는 아닐까 추정된다.


## 예멘의 카와


15세기가 되면, 드디어 커피가 본격적으로 모습을 드러내기 시작한다. 바로 예멘에서 확산된 '카와'라는 음료다. 당시의 직접적인 기록은 남아 있지 않지만 16세기 이집트의 이슬람 법학자 압둘 카딜이 《커피 합법성의 옹호》라는 저서에서 커피의 기원에 관한 15세기 예멘의 문헌을 인용하고, 실제로 현지에서 마시는 것을 목격했다는 노인의 증언까지 담고 있다.

내가 아덴이라는 마을에 있을 때, 몇 명의 가난한 수피가 커피를 만들어 마시고 있었다. 그들은 아덴의 법학자이며 학식자, 법률가인 무하마드 바파톨 알 하두라미와 무하마드 알 자부하니를 위해 커피를 만들기도 했다. 그 두 사람이 동료들과 커피를 마시는 것은, 사람들에게 본보기가 되었다.

— 랠프 하톡스, 《커피와 커피하우스》 중에서

카와는 14~15세기 에티오피아 홍해 연안부에서 예멘에 도래했지만 처음에는 커피 이외의 재료로 만들어졌다. 서장에서도 이미 소개했듯 에티오피아에서는 이슬람교 법도의 백포도주를 포함해 여러 음료를 '카와'라고 불렀던 모양이다. 예멘에 최초로 소개된 카와도 커피가 아니라 하라 원산인 캇khat이라는 식물의 잎으로 만든 차였다고 전해진다.

이후 15세기에 접어들어 예멘의 아덴에서 커피로 만드는 카와가 발명되었다. 다소 혼돈스럽겠지만 '커피나무와 캇은 둘 다 에티오피아 발상이되, 커피 카와는 예멘이 발상지'라는 것이다.

예멘에 카와를 전했다고 알려진 사람은 샤즈리 교단의 수피 알리 이븐 우말 아 샤즈리(1418경 사망)이다. 그는 당초 이파트에서 활동하고 있었는데 거기서 술탄 사아닷딘 2세의 마음에 들어 그의 딸을 아내로 삼았다. 이후 당시에는 아직 빈촌이었던 모카로 이주해 사람들에게 포교했다.

이 때문에 '모카의 수호성인' 또는 '커피 농가, 찻집 주인, 커피를 마시는 사람들의 수호성인'으로서 모셔지게 되었으며, 교단 활동이 활발했던 알제리아에서는 커피를 '샤즈리아'라 부른다고 한다. 자주 헷갈려 하지만, 이 교단의 시조인 아불 하산 아 샤즈리(1258년

# 의식에 카와를 사용했던 수피들

카와 보급에 크게 기여했던 것은 '수피'라고 불리는 이슬람 신비주의자들 일파이다. 이슬람교에서는 본래 신관과 승려 같은 직업으로서 성직자는 존재하지 않았다. 대신 만인이 속세의 생활 속에서 신앙하라고 가르치는데, 8세기경 속세를 버린 채 남루한 망토(수푸)만을 두르고 생활한 최초의 수피가 등장했다.

그들은 금욕과 청빈을 실천하고 엄격한 수행으로 육체를 통제하며 기도에 몰두함으로 '망아忘我의 경지'에 도달해 스스로 내면에 있는 신 '알라'의 정신을 느끼고자 했다. 흔히 이슬람교에서는 수니파와 시아파가 유명하지만, 수피는 종파와는 관계없이 존재한다.

9~10세기경 이슬람 정통파 학자들이 왕조 '전속'으로서 관료화된 것에 비해, 수피들은 그들의 형식주의나 정치적 부패를 비난한 '반권력주의자'들이기도 했다. 12~13세기에는 위대한 지도자를 중심으로 하는 교단이 여러 개 형성되어 그들의 사상(수피즘)이 확산되었고, 그것이 모종의 '성자 신앙' 형태로 민중에 침투했다. 에티오피아 홍해 연안부에서도 13세기경부터 카디리 교단과 샤즈리 교단 등이 세력을 키워갔다.

라수르 왕조 하의 예멘에서는 정통파 학자들의 세력이 강력해서 다른 지역에 비해 수피즘 보급은 더디게 진행되었다. 그러나 14세기 말 자비드가 북예멘 라시드 왕조의 군대에 포위되었을 때 이스마일 알 자발티라는 에티오피아 연안부 출신 카디리파의 수피가 적의 철퇴를 예언해 주민을 고무하고 승리로 이끌면서 술탄과 민중의 신뢰를 얻었고, 이후 열광적인 수피즘이 유행했다. 그러나 다른 한편으로는 수피 중용이 학식자 경시로 이어져 위정자인 술탄의 전횡을 부채질했다. 그리하여 라수르 왕조 멸망(1454)을 초래하는 빌미가 되기도 했다.

수피들은 수행을 위해 독특한 의식을 행하는 것으로 잘 알려져 있다. 이슬람교도 사이에서는 신의 이름을 부르는 디크르dhikr(창념)이라는 행위가 장려되었는데, 수피들은 목요일과 일요일 밤에 집회장에 모여 밤새도록 노래하는 독특한 디크르를 행한다. 철야로 같은 문언을 외치며 일종의 트랜스 상태가 되면 신의 정신에 가까워진다는 생각에서 탄생한 의식이라고 한다.

그들의 의식 중에는 이단의 경계에 가까운 것도 있어서, 이슬람교에서 오락을 위한 음악과 무용은 금기임에도 일부 수피들은 '사마'라는 악기를 연주하며 노래하고 춤추는 의식을 한다. 또 아편과 대마, 담배, 약물 등을 의식에 사용하는 수피 교단까지 생겨나 정통파 학자로부터 비난을 받았다. 이런 상황에서 에티오피아와 예멘의 수피들이 디크르 의식에 사용한 음료가 바로 '카와'였다.

사망)와는 다른 사람이다.

모카로 이주한 후에도 그와 이파트 사이에는 교류가 이어지고 있었으며, 때때로 왕이 딸에게 선물을 보냈다고 한다. 또 이파트가 멸망할 즈음에는 사아닷딘 2세의 자녀 열 명이 예멘으로 도망갔다는 기록이 전한다(카와는 이렇게 사람과 물체(선물)의 왕래 속에 전달되었을 것이라 추측된다).

그가 확산시킨 캇의 잎에는 '카치논'이라는, 각성제(암페타민)와 비슷한 성분이 들어 있어서 각성과 식욕 억제, 행복감, 도취감을 느끼게 한다. 그러나 캇의 생잎은 보존이 어렵고 신선도가 떨어지면 성분도 없어져버리는 결점이 있었다. 그것이 '커피 카와'가 생겨난 계기로 작용했다.

## 카와에서 커피로

캇을 이용한 카와는 15세기 초 모카에서 예멘 각지 수피들에게 퍼져갔다. 커피처럼 고지대에서만 자라고 신선도가 중요한 캇을 사람들은 예멘의 산속에서 재배했다. 하지만 산에서 멀리 떨어진 항구마을 아덴은 신선한 캇을 손에 넣기가 어려웠다. 아덴 수피들은 구하기 힘든 캇 대신 사용할 대체재는 없는지, 어느 수피 도사導師에게 상담했다. 그가 앞서 인용문에 등장했던 두 명의 법학자 중 한 명인 무하마드 자말딘 아 자부하니(무하마드 알 자부하니)이다. 유럽과 미국 등지에서는 '게말딘'이라는 이름으로 알려져 있는데,

이 책에서는 '자부하니'라 부르기로 한다.

당시 수도 타잇즈(모카에서 동북동으로 90킬로미터) 남쪽에 위치한 자부한이라는 마을에서 태어난 그는 젊어서부터 공부를 열심히 한 것으로 알려진다. 한때 홍해 연안 '아잠의 땅'에서 지내다가 이후 아덴으로 돌아와 '무후티'라는 요직을 맡았다.

무후티란, 해당 지역의 이슬람 법학자 중 우두머리 인물이다. 이슬람법에 정통하고 나아가 공정한 판단이 가능할 것으로 널리 인정받는 사람들에게만 주어지는 공직인 셈이다.

무후티가 공식적으로 내는 견해는 '파투와'라고 하는데, 그 내용이 신의 법에 비추어 올바르다고 인정한다는 것을 의미한다. 새로운 법령이나 소송의 판결도 무후티가 인정할 경우 '합법'으로 간주될 만큼, 강력한 힘을 지니는 인물이었다.

얼핏 정통파 학자의 전유물일 것만 같은 무후티 직책을 반권력주의 성향이 짙은 수피가 차지했다는 사실에 고개를 갸웃거릴 사람이 있을지 모른다. 자부하니가 아덴의 무후티가 된 자세한 경위 및 정확한 시기는 전해지지 않는다. 다만 그는 '젊을 때 열심히 공부했던' 학식 있는 인물이었다. 자부하니가 예멘에 수피즘을 널리 알린 이스마일 알 자발티의 제자 중 한 명이었다고 기록한 자료도 있다. 라수르 왕조에서는 14세기 말~15세기 진반에 수피 일파가 왕실 요직을 차지하고 있었다.

자부하니는 아잠의 땅 사람들이 여러 식물로 카와를 만들어 마셨으며 커피의 붉은 열매를 사용했던 것을 떠올렸다. 그가 아덴에서 병에 걸렸을 때, 약으로서 커피를 가져와 사용한 경험도 있었다. 커피의 각성작용을 몸소 체험한 셈이다. 게다가 커피 열매의 경우, 말려서 건조하면 장기간 보존이 가능하며 산에서 운반하기도 용이했다. 그는 '커피 열매와 종자에도 캇과 같은 성분이 있으므로, 그것으로 카와를 만들면 된다'고 알려주었다.

실제로 자부하니가 사람들이 모인 공공장소에서 커피로 만든 카와를 마셨다는 '목격증언'이 전해진다. 무후티라는, 누구에게나 신뢰받는 인물이 공공연히 마시고 있었기 때문에 다른 주민들도 안심하고 이 음료를 마시게 되었을 것이다.

나아가 자부하니는 아덴의 무후티로서 카와가 이슬람법에 비추어 합법이라는 법적견해문서(파투와)를 공표했다. 종종 오해가 생기는데, 이로써 커피가 이슬람교에서 전면적으로 합법화되었다는 것을 의미하지는 않는다. 그저 '아덴 지방재판소에서 커피에 무죄 판결이 내려졌다'는 정도의 사례일 뿐이다. 훗날 카이로와 이스탄불(콘스탄티노플)에서 커피 음용이 '유죄'로 판결나기도 했다. 어찌 되었든 이는 '커피 카와'에 관한 최초의 공식 판례임에는 분명하다.


## 분 카와와 기실 카와


이 무렵 '커피 카와'에는 두 종류가 있었다. 그 중 어느 것도 현재 커피와는 다르다. 열매를 건조하면 파치멘트와 과육이 붙어버린 상태의 '껍질'이 만들어지는데, 당시 예멘에서 사용한 방법 중 하나는 그 껍질 부분만을 끓인 것이고, 다른 하나는 커피콩이 들어 있는 열매를 통째로 구워서 끓여내는 것이다.

전자는 '기실(=껍질) 카와'로 '키시리아', 후자는 '분(커피 열매) 카와'로 '분니아'라고 불린다. 우리가 마시는 '콩만 볶아서 만드는 커피'는 이 시대 기록에 없다. 그러나 예멘의 카와가 세계에 알려지는 과정에서 기실은 모습을 감추고 분만 남았다. 분 카와가 콩 부분만을 사용하는 현재의 커피로 변모한 것이다. 따라서 '카와가 커피의 기원'이라고 봐도 무방하다.

예멘에는 지금도 '기실 카와'와 '분 카와'가 남아 있다. 그러나 현대의 '분'은 콩만을 사용하는 아라비아식 커피로, 오래된 기록에서 전하는 방식과는 다르다. 한편 기실은 칼다몬 등 스파이스와 설탕을 함께 끓여서 마시는 방식이 일반적이다. 분에 비해 가격도 싸고 예멘인에게는 이것이 더 인기가 높다.

현재 예멘 정세가 불안정해 입국이 어려운 상태지만, 현지와 연결되는 일본 상사 등을 통해 모카커피를 찾는 일부 로스터리숍에 간혹 소량의 커피가 입하되고 있다. 나 역시 얼마 전, 후쿠오카의 로스터리숍 '커피 비미'에서, 지금은 돌아가신 마스터 모리미츠 무네오 씨가 만들어준 기실 커피를 마신 적 있다.

과육 부분을 사용하기 때문에 은근히 달고 칼다몬 등 스파이스 향이 너해서 갈근탕 혹은 '여러 종류의 생약을 넣어 끓인' 한방약을 떠올리게 하는 독특한 풍미의 음료였다.

최근에는 수세식 정제 과정에서 제거되는 과육 부분만을 건조한 '카스카라'가 중남미에서 거래된다. 차처럼 끓여 마시는 기실 커피와 비슷한 풍미가 있으며 구매도 비교적 쉽다. 기실도 카스카라도 현재 우리가 아는 커피와는 매우 다른 음료지만, 커피에 흥미가 있다면 '이야깃거리'로서 마셔볼 만한 가치가 충분하다고 여겨진다.

기회가 된다면 꼭 한번 마셔보길 바란다.

# 3장

# 이슬람 세계에서 유럽으로

커피전문점의 탄생 • 오스만 제국으로 전파 • 커피 반대운동
이 일어난 이유 • 유럽으로 이어지는 네 개의 길 • 현재의 커
피는 언제 시작되었나?

15세기 아덴에서 발명된 '커피 카와'. 수피들이 수행을 위해 고안해낸 음료는 곧 다른 사람들 눈에도 띄었고 점차적으로 음용이 확산되었다. 한때는 전쟁의 전리품으로서, 한때는 안목 있는 상인의 돈벌이로서, 외교관들의 선물용품으로서 이슬람권을 거쳐 유럽으로 전해졌고 이후 세계적인 기호식품 음료로 발돋움했다.

이 장에서는 커피 음용의 전파 궤적을 따라 더듬어보겠다.

## 커피전문점의 탄생

자부하니가 발명한 커피 카와는 캇과 달리 장기간 보존과 수송에 용이했다. 그 덕에 머지않아 예멘 전역에 알려지고 이슬람권 타 지역으로 확산되었다. 1470~1495년에는 이슬람 성지 메카와 메디나의 예멘인 기주지구에서 커피 카와가 음용되면서 그들과 교류하던 마을 사람들에게로 퍼져나갔다.

수피가 디크르(창념)의 졸음 방지를 위해 마셨음은 물론 이슬람 학교 학자와 학생 그리고 일반 시민까지 학업과 업무 능률 향상을 위해, 또는 단순한 기호식품으로서 커피를 이용한 것이다. 1500년경에는 '카페하네(커피하우스라는 뜻)' 즉 커피를 마시는 전문점이 메카에 생겨났다고 한다. 알코올을 금지하는 이슬람 사회에서 카페하네는 커피를 마시는 동시에 시민이 교류하는 마당으로 발전했다.

다만 카페하네는 기본적으로 남성만 드나드는 곳이었다. 당시 여성이 교류하는 장소는 대중목욕탕이었다고 한다. 이 '알코올 금지, 남자만'이라는 룰은 카페하네를 모델로 하는 영국의 커피하우스에서 엿볼 수 있다.

1510년경에는 당시 이슬람 대국이었던 이집트 맘루크 왕조의 수도 카이로에도 커피가 전해진다. 카이로에서도 처음에는 아라비아반도 출신자 거주구역 내 예멘인 커뮤니티에서만 마셨지만 곧바로 마을 사람들에게 소개되며 카페하네가 만들어졌다.

## 오스만 제국으로 전파

당시 또 하나의 이슬람 대국 오스만 제국에도 16세기에 커피가 전해졌다. 레반트levant(시리아 주변)에는 16세기 초 전해졌지만, 수도 이스탄불에는 1517년 오스만 제국 황제 세림 1세Selim I가 맘루크 왕조를 멸망시키고 직접 가져온 것으로 알려져 있다. 단 이스탄불 서민들에게 보급된 것은 조금 더 후인 16세기 중반이다.

맘루크 왕조와 오스만 제국의 전쟁은 당시 유일한 커피 산지였던 예멘에도 지대한 영향을 미쳤다. 역사의 아이러니라고나 할까. 이 전쟁 발발 이전 포루투갈과 해전을 위해 파견되었던 이집트 맘루크 왕조의 해군이 예멘의 항구에서 커피 보급을 못 받은 것에 반발해 약탈을 벌였고, 그 기세를 몰아 예멘 타힐 왕조(1454~1517)를 침공한 것이다. 당시 예멘에는 총기가 들어오지 않은 상태였다. 압도적 전력을 지닌 이집트 군대와 싸움에서 타힐 왕조는 왕을 잃고 멸망한다. 그러나 불과 12일 후, 이번에는 맘루크 왕조가 세림 1세에게 패해 멸망하고 만다. 이집트 군 장수들은 승리의 기쁨에 젖기도 전에 서둘러 오스만 제국에 복종한 뒤 예멘에 주둔했다.

이렇게 해서 1517년 예멘의 대부분(아덴과 라시드 왕조 북예멘은 제외)은 오스만 제국에 편입돼 구 맘루크 왕조의 사관이 다스리는 땅이 되었다. 타힐 왕조의 잔당은 아덴으로 밀리면서 대항했지만 1538년 인도양으로 향하던 오스만 제국 직속 해군에 의해 궤멸되었다. 이 일을 계기로 구 맘루크 세력은 거의 사라지고, 북부를 제외한 예멘은 오스만 제국의 직접 통치 아래 들어간다.

오스만 제국에 의해 직접 재배가 이루어진 커피는 더 널리 보급되었다. 커피는 많은 이슬람교도에게 사랑받으면서, 예멘의 중요한 특산품으로 자리잡았다. 그러자 오스만 제국은 1544년경부터 예멘 주민들의 캇 재배를 제한했다. 대신 외화 획득 수단인 커피나무 재배를 장려한 것이다.

수확한 커피 얼매는 분과 기실이 되어 자비드 북빙 내륙부 바이트 알 파키프라는 지역과 모카 또는 아덴의 항구에서 팔려나갔다. 당시에는 바이트 알 파키프가 최대의 시장이었다. 각지 상인들이 그곳으로 찾아와 메카 근교 항구도시인 젯다에서 카이로나 레반트, 이스탄불로 이동하거나 육로를 거쳐 바그다드로 가는 등 이슬람 세계 전체로 퍼져나갔다.

오스만 제국 수도 이스탄불에서 커피가 본격적으로 보급된 것은 1554년. 두 명의 시리아인 하킴과 샴스가 카페하네를 오픈한 것이 그 계기라고 한다. 실은 그 배경에도 수피들이 개입돼 있다.

16세기 중반 오스만 제국이 전성기를 맞은 이면에는 신분과 사회제도에 대한 불만에서 오는 염세관이나 정치부패에 의한 허탈감 등이 자리잡고 있었다. 현실에 절망한 사람들이 자연스레 수피즘으로 빠졌고, 커피와 카페하네가 덩달아 유행했다. 원통형 수동 배전기와 커피그라인더 등 커피 전용기구도 이 시대 이스탄불에서 고안된 것으로, 이후 커피 문화와 기술 발전에 큰 영향을 미쳤다.

## 커피 반대운동이 일어난 이유

여기까지만 보면 순조롭게 보급되었을 것 같은 커피지만 꼭 그렇지만도 않았다. 이슬람교에는 알코올과 돼지고기 등 음식과 관련한 금기가 유독 많다. 커피를 둘러싸고도 의견이 분분했다.

1511년 메카 시장감찰관 하일 베그(카일 베이)가 커피 판매와 음용을 금지한 소위 '메카 사건'을 시작으로, 1534년 카이로 반대파에 의한 카페하네 습격이 일어났다. 이스탄불에서도 정통파 학자들이 카페와 커피를 비판했으며, 각지 위정자가 커피금지령과 카페폐쇄령을 내리는 일도 심심찮게 발생했다.

어떤 금지령도 오래 가지 못한 채 곧바로 해제되거나 형식적인 수준에 그쳤지만, 커피 역사 전체를 살펴봐도 이렇게 실랑이가 많았던 시대는 또 없었다. 당시부터 현재에 이르기까지 커피 반대운동의 표면적 이유는 다음 세 가지로 요약되었다.

⑴ 종교상 계율에 위배된다.

⑵ 인체에 유해하다.

⑶ 카페하네 등이 풍기문란을 조장한다.

이슬람교에서는 《코란》과 예언자 무함마드 언행록에 근거해 관행(순나)에 따라 사물의 옳고 그름을 판단하는 것이 기본이다. 따라서 커피처럼 예언자 몰락 후 새롭게 생겨난 풍습에 대해서는 견해가 분분했다.

전통을 중시하는 수니파 일부 학자들 사이에서 커피는 '관행으로부터의 일탈(비드아bid'a)이다' '정신에 작용하기 때문에 술과 같다'는 비판이 여러 차례 제기됐고, 그때마다 반론이 나왔다. 그러다 16세기 후반으로 접어들면서 커피는 여러 학식자들로부터 이슬람법에 비추어 합법적인 음료라고 지지를 받는다. 압둘 카딜의 《커피의 합법성 옹호》도 이 시기에 저술된 대표적 커피 옹호 서적이다.

그런데 이러한 커피 반대운동 이면에는 정치·상업적인 동기가 크게 작용했다. 특히 위정자가 문제시한 것은 커피 그 자체보다 오히려 카페하네라는 존재였다. 카페하네에서 음주와 음악 등 금지 행위를 하는 자들이 많아, 감시와 제제의 대상이 된 것이다.

게다가 카페하네는 소문부터 정치공작까지 갖가지 이야기가 오가는 교류의 장이었다. 정치에 관한 불평불만과 비판, 쿠데타를 모의하는 불온분자들이 섞여 있었기 때문에 기강을 잡기 위해서라도

# 3만여 명을 죽음으로 몰아넣은 커피금지령

당시 커피 반대운동 중에서도 가장 과격했던 것은 이스탄불 커피금지령이었을 것이다. 1633년 금지령에서는 '원 스트라이크 아웃'을 적용해, 발각되면 바로 사형에 처했다. 1656년에는 약간 느슨해졌지만 '투 스트라이크 아웃'으로, 처음 걸렸을 경우 곤장을 심하게 맞고 두 번째로 걸리면 마대자루에 넣어 두들겨 팬 후 자루째 바다에 버리는 강력한 벌이 내려졌다. '설마 그렇게까지…,' 생각할지 모르지만 커피 금지를 구실로 황제의 정적들을 제거하는 것, 즉 처음부터 정치적으로 이용할 목적이었던 것이다.

이스탄불에서는 16세기 중반 수피즘 보급과 함께 커피가 유행하고, 1600년경 유럽을 경유해 전래된 담배(물담배)도 카페하네에서 많이 피우는 상황이었다. 그런데 오스만 제국에서 반정부주의자들이었던 수피 교단이 17세기경부터 엘리트 군인(예니체리) 및 궁정의 할렘에서 절대적인 권력을 쥔 황태후(바리드 술탄) 등 정치 세력과 유착해갔다.

여기에 정치 부패와 풍기문란에 반발하면서 카디자델리라는 강경한 이슬람 원리주의가 반수피 세력으로 부상한다. 1633년과 1656년의 커피금지령은 각각 무라트 4세(1623~1640)와 그의 조카이자 훗날 프랑스에 솔리만 아가를 파견한 메흐메트 4세(1648~1687) 통치기에 내려진 것으로, 둘 다 이 카디자델리파가 실권을 잡았던 시기였다.

무라트 4세는 그의 배다른 형이던 선선대 황제가 군벌에 살해당한 후 심한 트라우마를 겪었다. 그는 유년기에 왕위에 올랐지만 황태후였던 모친이 오랫동안 섭정을 펼쳤다. 그러던 1632년 모친을 섭정에서 배제하고 실권을 잡은 후 황권을 강화해 군벌을 무력화하기로 작심한다. 이를 위해 당시 신흥세력이었던 카디자델리파에게 전략적으로 접근한 것이다. 무라트 4세는 1633년에 커피와 담배 금지령을 내린 뒤 이를 어긴 자들은 가차 없이 숙청했다. 일설에는 3만 명 넘게 처형되었다고 한다.

메흐메트 4세의 경우 즉위 당시에는 교셈이라는 인물이 섭정으로서 건재했지만 3년 후인 1651년, 누군가에게 살해당하고 만다. 교셈 사망 후 카디자델리파를 후원하던 쾨푸류류 메흐메트 파샤라는 인물이 대재상에 취임했다. 곧이어 1656년에 커피금지령이 내려지고 대대적인 정적 숙청이 이루어졌다. 이후 한동안 쾨푸류류 가문 사람들이 오스만 제국에서는 이례적으로 대재상을 세습하면서 권세를 떨쳤다. 커피금지령을 이용해 권력 기반을 단단히 다진 것이 쾨푸류류가 영달의 밑거름이 되었던 걸로 보인다.

배제하는 게 마땅했다. 하지만 그러한 규제에도 불구하고 커피와 카페하네는 이슬람권에서의 착실하게 시민권을 확보해갔다.

## 유럽으로 이어지는 네 개의 길

이슬람권에 확산된 커피는 16세기 말 유럽인들에게도 알려지고, 17세기로 접어들어서면서 유럽까지 도달한다. 단 이때 전달된 루트는 하나가 아니다. 크게 네 개로 나뉜 루트는 각각의 사연을 지니고 있다. 이를 연대가 이른 순서대로 살펴보겠다.

### 지중해 루트

이 시대, 이슬람 세계와 유럽을 연결하던 주요 루트는 지중해였다. 대항해 시대를 이끈 스페인과 포르투갈 이외의 유럽인에게는 지중해가 유일한 '바깥세계로의 관문'이었다. 예로부터 동방교역의 요충지였던 지중해 동부 연안 레반트나 이집트가 이슬람 세계로 가는 현관이 된 것이다.

1573년에 레반트를 여행한 독일 의사이자 식물학자 레온할트 라우발프는 사람들이 '차우베'라는 음료를 마시는 것을 목격하고 이를 《동방여행실록》(1582년)에 소개했다. 이것이 유럽인 최초의 '커피 목격정보'이다. 식물로서 커피나무에 대해서는 1580년 이집트에 도항한 이탈리아 의사이자 식물학자 프로스페로 알피니가 《이집트 식물》(1592)에 기록한 것이 최초이다. 그 후 17세기에 들어서면서

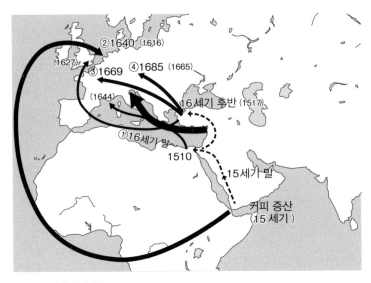

유럽으로 커피가 전파된 루트
*본격적인 전파 연도를 표시했다(괄호 안의 연도는 최초 전파된 해).

레반트로 여행한 유럽인의 '커피 체험담'은 속속 이어졌다.

지중해는 유럽인에게 '커피를 알린' 최초의 입구이자 '실제로 커피가 들어온' 최초의 입구 역할도 했다. 당시 유럽 쪽 현관문은(그리스나 발칸 반도도 오스만 제국령이었다) 베네치아였다. 정확한 연대는 알 수 없으나 16세기 말에 이미 베네치아 사람들은 커피를 마시고 있었다고 한다.

영국과 프랑스에도 지중해를 경유해 커피가 전해졌다. 영국에서 처음으로 커피를 마신 사람은 '혈액은 심장에서 전신을 돌아 심장으로 돌아온다'는 혈액순환설을 발표한 해부학자 윌리엄 하베이라는 주장이 있다. 그는 베네치아 인근 파도바 대학에서 처음 커피 맛을 알게 되었고, 1627년에 런던으로 들여와 마셨다고 전해진다.

프랑스에서는 1644년 마르세이유 상인 비엘 드 라 로크가 커피를 들여왔지만, 마르세이유 너머로 전파되지는 않았다. 실제로 프랑스에서 커피가 유행하기 시작한 것은 앞으로 설명하게 될 파리 루트를 통해서이다.

이처럼 맨 처음 개인이 소량 들여와 마시기 시작하던 커피는 이후 영국 레반트회사 등 동방교역을 담당하던 상인들이 상품으로 취급하면서 널리 퍼졌다. 1660년경에는 마르세이유에서 톤 단위 커피콩이 거래된 기록이 이집트에 남아 있다. 그 커피 대부분이 근방에서 소비되었다고 하니 소비량도 상당했을 것이라 추측된다.

## 동인도회사 루트

16세기 후반 영국과 네덜란드가 스페인과 포르투갈의 뒤를 이어 해양진출에 성공하고, 17세기로 들어서면서 동인도회사를 설립하기에 이른다. 그들은 곧바로 홍해 입구인 예멘의 항구, 아덴과 모카에 관심을 갖기 시작했다. 1616년 모카 항구에 들른 네덜란드 직물상 피터 판 덴 부르크는 거기서 커피콩을 입수해 기념품으로 본국에 가져갔다. 이때 가져간 콩이 암스테르담에서 발아해 유럽 땅에 뿌리를 내린 최초의 커피나무가 되었다고 전해진다.

네덜란드 동인도회사는 현지에 상관商館까지 세웠는데, 최초의 장소가 바로 아덴이었다. 그러다 1620년 아덴 부근에서 내란이 발발하자 이 네덜란드 상관은 모카로 이전하게 된다. 그 후 1635년 북예멘을 지배하고 있던 라시드 왕조가 봉기해 오스만 제국 세력을 몰아내고, 모카와 아덴을 포함한 예멘 전역을 장악했다.

모카는 본래 수에즈 등 홍해 안쪽에 위치한 항구를 거쳐 오스만 제국 중심지로 향하는 홍해 교역의 거점 항구였다. 하지만 라시드 왕조가 지배한 후 오스만 제국과 교역이 어려워지자 인도양을 통한 유럽과 아시아 간 거래 중심지로 탈바꿈했다. 이렇게 하여 모카는 유럽으로 커피가 수출되는 항구로 자리를 굳힌다.

하지만 처음에는 유럽에서 커피를 구매하는 사람이 거의 없었다. 지중해를 경유해 영국에 알려지고 이를 통해 커피하우스가 유행할 때까지 기다려야만 했던 것이다. 1640년 암스테르담의 상인이 발주한 커피를 모카에서 배편으로 보낸 것을 시작으로 조금씩 커피 수요가 늘어 1663년부터는 정기적으로 커피 수출을 하기에 이르렀다. 이후 네덜란드 이외 국가들도 커피 수입에 합류하면서 17세기 후반부터 모카는 커피마을로 번영했고, '모카'라는 이름이 커피의 대명사로서 유럽 사람들에게 알려졌다.

## 파리 루트

17세기 중반, 영국과 마르세이유가 커피에 눈을 뜨고 한창 붐을 일으킬 때에도 파리는 아직 잠잠했다. 그때 어느 터키인이 커피를 들고 가서 잠자는 파리 사람들을 깨우기 시작했다. 그의 이름은 솔리만 아가. 오스만 제국 대사였다.

당시 오스만 제국은 유럽 쪽으로 영토를 확장하려는 야망을 품고 있었다. 그런 그들을 가로막은 채 버티고 선 것이 숙적 오스트리아 합스부르크가였다. 마침내 숙적과의 대결이 시작된 것은 1529년. 오스만 제국은 프랑스로 하여금 배후에서 오스트리아를 견제하도록 유도한 뒤 발칸 반도로 북상해 영토 확장에 성공했지만, 2개월에 걸친 빈 포위전에 실패하고 만다(제1차 빈 포위). 이후 140년에 걸쳐 복수전을 꿈꿔온 오스만 제국의 황제 메흐메트 4세는 이번에도 프랑스와의 협공을 노렸다. 이것이 뒤에 서술하는 '빈 루트'의 발단이 되었다.

1669년 메흐메트 4세는 측근 중 한 명인 솔리만 아가를 파견해 프랑스 국왕 루이 14세에게 친서를 보냈다. 파리에 도착한 솔리만 아가는 빌린 집을 터키 풍으로 호화롭게 장식한 뒤 자신을 찾아온 사람이 누구든, 귀천을 따지지 않고 커피를 내어주며 접대했다. 이것이 순식간에 파리 사람들에게 알려지면서 귀족이든 서민이든 너나할 것 없이 그를 찾아가 커피를 얻어 마셨다.

'위대한 세기'라고 불리던 17세기의 프랑스는 부르봉 왕가 통치 아래 정치·문화적으로 급성장하며 대국의 자리를 굳혀갔다. 특히 프랑스-스페인전쟁(1635~1659)에 승리한 직후인 1660년대, 왕위에 오른 루이 14세는 오래된 귀족을 배제하고 신흥귀족 및 부르주아 출신 관료를 중용하면서 절대왕정을 공고히 했다.

이로 인해 중앙집권화도 가속화됐다. 수도 파리는 문화와 유행의 중심지가 되고, 사람들은 기호품과 사치품에 한층 더 관심을 갖게 되었다.

파리에는 이미 스페인을 경유한 코코아(1615)와 네덜란드를 경유한 차(1636)가 들어와 귀족들 사이에서 애용되고 있었다. 실은 커피도 마르세이유를 통해 전해졌지만 그것은 지중해 주변 서민이 카페 하네에서 마시는 스타일일 뿐이었다. 당시 파리 시민 대부분은 커

## 솔리만 아가의 실패

오스만 제국 대사로서 사람들에게 커피를 나누어준 솔리만 아가의 이야기는 곧바로 베르사이유 궁전의 루이 14세에게도 전해졌다. 흥미를 느낀 왕은 대국의 대사를 맞는 데 걸맞은 호화로운 환영식을 열기로 한다. 궁전을 최고의 그림과 조각으로 장식한 루이 14세는 미려한 새의 깃털로 장식한 왕관을 쓴 채 다이아몬드로 반짝이는 은장식 왕좌에 앉아 솔리만을 맞았다. 다른 참례자들 역시 정장으로 차려입도록 했다. 솔직히 말해 이 렇게까지 한다는 것 자체가 환영이라기보다는 '태양왕'이라고 불리던 루이 14세 자신이 떠오르는 태양처럼 기세등등한 권력을 쥐고 있다는 점을 보여주기 위함이었다.

그런데 간소한 평상복 차림으로 나타난 솔리만 아가는 애써 준비한 호화로운 물품들에는 관심도 갖지 않았다. 동행한 신하들 역시 마찬가지였다. 설상가상 베르사이유의 첫 인상을 묻자 '터키 왕궁이 훨씬 호화롭다'고 말했다니, 왕의 자존심이 매우 상했을 것이다. 나아가 솔리만 아가는 자기 주군의 친서를 루이 14세가 왕좌에 앉은 채 받은 것에 매우 분개하며 불만을 토로했다.

친서를 읽은 프랑스 왕은 그 안에 당연히 표기돼야 할 '전권대사'라는 문자가 적히지 않았다는 점을 그제야 알게 됐다. 본래 이럴 때는 외교관 중에서도 최고위 전권대사를 세우는 게 일반적이다. 한데 솔리만 아가는 '사절단의 일원' 정도 신분이었던 것이다. 오스만 제국 입장에서는 프랑스 따위의 '스쳐가는' 소국에 그것으로 충분하다고 판단한 반면, 루이 14세는 그가 전권대사인 줄 착각하고 'VVIP 대우'를 한 셈이다.

이러한 일련의 해프닝이 준엄한 베르사이유 궁전을 무대로 하여 한껏 격식을 갖춘 프랑스 국왕 및 귀족들과 평범한 터키인 사이에 펼쳐졌다는 것은 정말이지 코미디 그 자체였다. 당연하게도 교섭은 잘 진행되지 않았다. 솔리만 아가는 본래 사명을 다하지 못한 채 일년도 안 되어 귀국했다. 결국 그는 프랑스에 커피를 알리는 역할만 했을 뿐이다. 아니, 하나 더 있다. 굴욕을 당한 루이 14세는 왕정 극작가인 몰리에르와 작곡가 류리에 게 터키인을 우스꽝스럽게 만드는 작품을 만들도록 명령한다. 이렇게 해서 탄생한 것이 〈서민 귀족〉으로, 오늘날까지 희극발레(코미디 발레)의 걸작으로 찬사를 받고 있다.

피를 '촌동네 사람들이나 음료' 따위로 여겼다.

그런데 솔리만 아가가 대접한 오스만 궁정식 커피는 기존의 이미지를 순식간에 바꾸어놓았다. '터키 풍'이라고 불리는, '아라비안나이트' 세계에서 넘어온 듯 호화로운 예법과 귀한 중국제 자기에 담아 하인들이 가져다주는 설탕 넣은 커피…. 이는 서양인들이 하찮게 보면서도 동경했던 오스만 제국의 문화 자체였다. 사람들은 그 위용에 매료되었다. 당시 솔리만에게 커피를 얻어 마시는 일은 유행에 민감한 '파리지앵' 사이에서 일종의 상징처럼 여겨졌다고 한다.

## 빈 루트

솔리만 아가의 교섭 실패로부터 14년이 지난 1683년. 오스만 제국은 국경 부근에서 발발한 분쟁 지원을 구실로 다시금 오스트리아령 내를 침공해 빈까지 진군한 뒤 또다시 포위전을 시작한다(제2차 빈 포위). 그러나 포위 2개월 후 구원에 나선 폴란드, 오스트리아, 독일 연합군 앞에 오스만 군은 무릎을 꿇고, 전쟁은 합스부르크가의 대승으로 마무리되었다.

이 전쟁과 관련해, 콜시츠키(콜츠츠키)라는 폴란드 출신 병사의 에피소드가 널리 알려져 있다. 그는 터키인으로 변장해 포위된 빈에서 탈출한 뒤 구원군에게 적신의 정보를 전한다. 그리고 다시금 적군 사이를 뚫고 마을로 돌아가 구원군이 가까이 왔다는 사실을 사람들에게 알려 용기를 북돋웠다. 이 공적으로 금과 집, 그리고 패배한 오스만 병사들이 남긴 대량의 커피를 받은 콜시츠키가 빈 최초로 카페 '파란 병 아래 집'을 열게 되었다는 이야기다.

아주 재미있고 그럴 듯한 이야기이지만 아무래도 후세에 창작된 스토리인 듯하다. 최근 연구에 따르면, 파리와 유사하게 1665년 오스만 제국에서 빈에 파견된 친선대사가 빈 궁중에서 커피를 내려주었다는 기록은 남아 있다. 그리고 빈 최초의 카페는 1685년, 콜시츠키보다 먼저 아르메니아인 요하네스 디오다트가 오픈한 것이라고 한다. 이것이 어느 순간부터 콜시츠키의 공적이 되어버린 듯하다.

그러나 빈 카페에서는 지금도 콜시츠키의 공적을 찬양하고, 그의 초상화를 장식한 카페가 많다. 1885년에는 '콜시츠키 거리'라고 이름 붙은 도로 한쪽에 커피포트와 잔을 올린 쟁반을 든 그의 동상이 세워졌다. '파란 병 아래 집'은 그가 사망한 후 없어졌지만 이 일화에서 이름을 딴 곳이 있으니, 바로 미국의 '블루 보틀'이다.

## 현재의 커피는 언제 시작되었나?

예멘에서 태어난 '커피 카와'에는 분과 기실 두 종류가 있으며, 어느 쪽도 우리가 지금 마시는 커피와는 다르다는 점을 이야기했다. 15세기부터 16세기에 걸쳐 이슬람권에서 확산되었던 것도 분과 기실이다. 적어도 이스탄불까지는 두 가지가 함께 전해진 듯하다. 그 증거로 터키에는 지금도 '살타나 커피(술타 커피)'라는, 기실로 만들어지는 커피가 남아 있다.

한편 16세기 말부터 17세기 전반 무렵 레반트와 이스탄불에서 유럽인이 목격한 것은 분. 따라서 유럽에는 지금처럼 커피콩만 이용한 형태가 전해진 것으로 보인다. 대체 무슨 일이 있었기에 그렇게 된 것일까. 정확한 이유는 모르지만, 유추할 수 있는 가능성은 세 가지 정도가 있다.

하나는, 분과 기실의 이용 구분이다. 원래 기실은 더운 지역에서, 분은 추운 지역에서 마시기에 적합하다는 이슬람 의학에 근거한 개념이 존재한다. 이 때문에 아라비아 반도에서 북상하면서 분을 이용하는 빈도가 증가했을 수 있다.

두 번째는 커피금지령 때 선택되었을 가능성이다. 현재 예멘에서 마시는 기실에는 건조 중 과육이 발효되어 나타나는 알코올 같은 것이 있다. 16세기에 압둘 카딜이 '카와에도 부적절한 조리법이 있다'고 썼던 것은 이 때문이 아닐까. 각지 커피금지령 관련 문헌에 종종 '기실이 태워 버려졌다'라는 기록은 남아 있는 반면, 분이 태워졌다는 기록은 발견되지 않는다.

마지막 하나는, 모카의 대두이다. 기실과 분 둘 다 있는 이슬람권은 바이트 알 파키프에서 커피를 산 반면, 유럽은 모카에서 온 커피가 주류였다. 즉 모카에서 수출된 커피콩은 껍질이 벗겨져 있었을 가능성이 매우 높다.

당시 모카에서는 '재배를 독점하기 위해 발아 능력을 상실한 콩을 수출했다'고 전해진다. 이를 위한 사전 처리였는지 아니면 오랜 운송 과정에서 곰팡이, 쥐, 벌레의 해를 입지 않도록 하기 위함인지는 정확히 알 수 없다. 다만 이런 요인들이 모카에서 유럽으로 수출되는 커피 형태에 영향을 주었을 가능성은 높다.

# 4장

# 커피하우스와 카페 시대

커피 선진국: 영국 • 격조 있는 스타일에 빠지다: 프랑스 •
수수께끼투성이 최대 소비국: 네덜란드 • 여성들이 사적 공
간에서 만나서 마시다: 독일 • 당구, 신문, 크루와상과 함
께: 오스트리아 • 커피하우스, 공민관 역할을 하다: 미국

17세기에 유럽에 전해질 당시 커피는 호사가나 귀족 등 일부 사람들만 마시는 음료였다. 그러다 커피하우스와 카페가 등장해 중산층과 시민 계급에도 보급되며 점차 친숙한 음료로 자리잡았다. 커피하우스나 카페는 '시민 교류의 장'으로서 사회에 커다란 영향을 미쳤다. 정보교환은 물론 상업적 이용, 백과전서 편집에다 혁명까지…. 이는 마치 현대의 인터넷 활용과 같은 모습이었다. 17~18세기 상황을 국가별로 살펴보자.

## 커피 선진국 : 영국

지금은 '홍차의 나라'라는 이미지가 강한 영국이지만 차가 전해진 건 커피보다 나중 일이다. 정확한 연도는 알 수 없지만 1630년대 혹은 1657년이라고 한다. 사실을 말하자면 17세기 영국은 홍차가 아닌 '커피의 나라'였다. 게다가 유럽에서 최초로 커피하우스 유행을 맞은, 유럽 커피 소비의 견인차 역할을 했던 커피 선진국이었다.

영국 최초의 커피하우스는 1650년 제이콥이라는 유대인이 옥스퍼드에 오픈했다고 알려져 있다. 단 이곳은 오래가지 못했다. 본격적으로 유행한 것은 1652년 아르메니아 출신 파스카 로제가 런던 최초의 커피하우스를 오픈한 이후부터다. 그때부터 커피하우스가 폭발적으로 유행하기 시작했다. 그리고 30년 지났을 때, 인구 50만 명의 런던에 3,000개의 커피하우스가 들어설 정도로 절정을 이루었다고 한다.

이 정도로 대유행이 일어난 이유는 당시 영국 사회 상황에 있었다. 1649년에 발발한 청교도 혁명으로 시민이 지지하는 의회파가 왕당파에게 승리를 거두면서 영국은 시민사회의 여명기를 맞이했다. 왕후귀족들이 궁정과 살롱을 사교장으로 이용했듯 시민에게도 정치 의견을 교환하고 수다를 떨 '교류의 장'이 필요했으니, 그 무대가 바로 커피하우스였던 것이다.

그 후 왕정복고 시대가 되어서도 커피하우스의 인기는 멈추지 않고 오히려 가속화했다. 그리하여 명예혁명을 거쳐 영국이 근대 시민사회로 탈바꿈하는 원동력이 되었다.

어떤 의미에서 이런 유행의 '본체'는 커피하우스에서 행해진 시민의 교류였을 뿐, 커피는 엑스트라였는지 모른다. 그러나 다른 음료가 아닌 커피가 선택된 데에는 그만한 이유가 있을 것이다.

## 커피는 출생률을 떨어뜨린다

영국 커피하우스는 이슬람권의 카페하네를 모델로 했으므로(적어도 유행 초기에는) 술을 팔지 않았다. 그러니까 영국 사람들에게는 '맨 정신으로 이야기하는' 최초의 음식점이었던 셈이다. 그 이전까지 사람들이 모이는 장소는 술집(에일하우스나 태번)이나 숙소(인) 등 술을 마시는 곳밖에 없었으므로, 진지하게 논의를 해도 마지막에는 만취하는 것이 보통이었다.

그런데 커피하우스가 출현하면서 마시면 마실수록(?) 카페인 때문에 머리가 개운해지고 토론에 집중할 수 있게 되었다. 사실 그 시기 영국에서는 맛보다도 약리작용이 커피를 마시는 주된 이유였다고 한다.

17세기 후반 들어 차와 코코아 등 음료도 커피하우스에서 마실 수 있게 되었지만 그다지 인기가 없었다. 차의 경우 영국에 들어온 것은 커피보다도 훗날이었으며, 적대적인 네덜란드가 수입을 독점해서 고가에 거래되었기 때문이다. 코코아 역시 스페인을 경유하는 터라 고가였다. 또 제조를 위해 녹이기가 어렵고 손이 많이 간다는 점에서 일반 대중에게 제공하기 어려웠을 듯하다. 게다가 코코아는 가톨릭 사원이나 스페인, 포르투갈 귀족들의 퇴폐적인 음료라는 이미지가 강했다. 이에 반해 커피는 근면과 성실을 중시하는 시민의 음료라는 이미지로 자리매김하면서 프로테스탄트 국가 청교도들이 즐겨 마셨다고 한다.

그렇다고 커피와 커피하우스가 모든 사람들에게 환영받았던 것은 아니다. 손님을 빼앗긴 술집은 물론이거니와 런던대화재(1666) 후에는 배전 중 화재를 두려워한 출판상, 그리고 의외라고 여겨질 수 있지만 많은 여성들에게도 환영받지 못했다.

당시 커피하우스는 기본적으로 여자 출입금지였다. 게다가 커피하우스에 심취한 남편들이 밖으로만 나돌자 성난 부인들이 '커피는 출생률을 떨어뜨린다'라는 팸플릿을 발행했다는 기록도 남아있다. 또 커피하우스 내에서 이루어지는 시민토론을 탐탁지 않아 하던 국왕 찰스 2세가 여성들의 불만에 편승해 커피하우스 폐쇄령을 발표했지만 시민들이 강력 반발하면서 10일 만에 철회하는 해프닝도 벌어졌다.

이렇게 한 시대를 풍미한 커피하우스가 18세기로 접어들면서 쇠퇴의 길로 접어들었다. '시민사회의 요람'이었던 커피하우스는 시민사회가 완성되면서 제 역할을 마쳤고, 그 수요도 점차 상실했다. 우후죽순 생겨났던 커피하우스들은 불황을 견디지 못하고 문을 닫거나 알코올을 제공하는 업소로 변모했다. '근면하고 이성적인 시민 교류의 장'이던 처음의 색채가 흐려진 것이다.

'여성 금지, 남성은 누구라도 환영'이라던 구호도 한물 간 것이 되었다. 커피하우스 대신 여성 동반이 가능한 메리고라운드 정원의 홍차 '티가든'이 생겨났고, 완전 회원제를 표방하는 '클럽'이나 새로운 '장소'들로 교류의 장이 옮겨갔다.

게다가 18세기에 들어와 네덜란드와 프랑스가 커피 식민지를 개척해 저렴한 원두를 확보한 반면 뒤늦게 뛰어든 영국 동인도회사는 (상대적으로) 고가에 들여올 수밖에 없었다. 한편 17세기 후반 가격이 안정된 차를 과잉 매입해버린 영국 정부는 홍차 소비를 촉진하기 위한 방편으로 커피에 제동을 걸었다. 이 정책이 성과를 거둬 영국의 홍차 소비량은 매년 증가하고 커피 소비는 감소하기 시작했다. 이러한 추세가 계속돼 18세기 후반에 영국은 '홍차의 나라'로 변모했다.

## 영국 커피하우스 풍경

당시 영국의 커피하우스는 처음 오는 사람이든 단골이든, 귀족이든 천민이든 차별 없이 출입할 수 있었다. 또 일단 들어선 후에는 안에서 이루어지는 어떤 대화에도 참여가 가능했다. 입장료를 선불로 받고 커피는 카운터에 있는 주인에게 수시로 부탁하는 방식이 일반적이었는데 입장료 1페니, 커피 한 잔 2페니 정도로 가격도 저렴했다. 1페니 지불하면 대학처럼 무엇이든 배울 수 있다는 평판이 나며 '페니 유니버시티'라고 불리기도 했다.

런던에서는 입지 조건에 따라 가게의 독자적인 색이 드러나기도 했다. 상업 중심지 로열엑스체인지(주식거래소) 주변에서는 '겟어웨이' '조너선스' 등 커피하우스가 상담의 장소로 인기를 끌었는데, 17세기 말에는 중개상들이 모두 커피하우스에서 상담을 하는 바람에 정작 거래소에는 사람이 보이지 않는 풍경까지 연출됐다고 한다.

해상교역 적하 예약이 이루어지던 장소로는 '버지니아'와 '발틱'이 유명했다. 세계적인 보험거래소 '로이즈'도 원래는 무역상과 선원이 모이는 커피하우스였다. 이 커피하우스에서 오가는 이야기에 착목한 증권 브로커들이 침몰과 해적 피해로 인해 적하가 실패할 경우의 리스크를 보상해준다는 내용으로 고객을 유치했고, 이것이 현재 보험업의 시작이라고 전해신다.

이후 영국 양당제의 기원이 되는 호이그당(자유당)과 토리당(보수당)도 각자의 거점 커피하우스를 두고 종종 그곳에서 집회를 열었다. 〈터틀러〉〈스펙테이터〉 등 일간지는 커피하우스에서 정보를 모았으며, 사전 계약한 커피하우스 카운터에 신문을 비치하는 방법

으로 많은 독자를 확보했다.

17세기 후반 영문학사에 한 획을 그은 문인 존 드라이든도 커피하우스 '월즈'를 거점으로 활동한 사람이었다. 런던의 경제, 정치, 저널리즘, 영문학…. 그 모두가 커피하우스를 무대로 발전한 셈이다.

## 격조 있는 스타일에 빠지다 : 프랑스

프랑스는 영국보다 늦게 출발했지만 도중에 쇠퇴한 커피하우스와는 다른 길을 걸었다. 카페 인기는 오래 지속되었고 커피 소비도 안정적으로 증가했다. 소비를 주도한 사람들은 파리의 중산층 시민계급이었다. 개인 소비량으로 환산하면, 파리지앵들은 보통의 프랑스 사람들보다 평균 10배 더 마셨다는 계산이 나온다.

솔리만 아가의 방문 이후 커피는 궁정과 살롱에서 귀족들이 자주 마시는 음료로 자리매김했고, 파리 거리에도 커피를 파는 사람들이 등장했다. 파리에 최초로 들어선 카페는 1672년 아르메니아인 파스칼이 생제르맹 시장에서 오픈한 오리엔탈 커피점이라고 한다. 또 같은 시기 파리 시내에 아르메니아 풍으로 커피를 포트에 넣어 들고 다니면서 파는 판매상 '칸디오'들도 생겨났다.

그러나 명실상부 '파리 카페의 원점'이라고 일컬어지는 '카페 프로코프'가 등장하면서 열광적인 카페 시대가 만개한다.

1686년에 개업한 카페 프로코프는 그때까지 보았던 오리엔탈 카페와는 완전히 달랐다. 거대한 대리석 테이블에 샹들리에와 거울을 비치하고, 호화로운 베르사이유 분위기의 실내장식으로 이목을 끌었다. 여기에 커피와 리큐르, 아이스크림을 저렴한 가격으로 제공하는 등 독보적인 스타일로 순식간에 사람들을 사로잡았다.

특히 이곳에 매료되었던 이들은 상류계급을 동경해온 부유층 및 중산층이 주류였지만, 귀족과 지식인, 코미디언, 프랑세즈 배우들 등 다채로운 사람들이 프로코프를 찾았다. 18세기 당시 최고의 지성으로 칭송받던 볼테르를 비롯해 디드로, 다랑베르, 루소 등이 모여 《백과전서》 편집회의를 한 곳도 카페 프로코프였다.

솔리만 아가 때도 마찬가지였지만, 프로코프가 문을 연 이후에도 파리지앵들은 맛과 약리작용보다는 '격조 있는 스타일' 때문에 커피에 빠져들었던 것 같다. 곧이어 다른 카페들도 프로코프 스타일을 흉내내며 성황을 이루기 시작했다. 다시 말해 파리 카페의 진정한 역사는 프로코프에서 시작되었다고 해도 과언이 아니다.

프로코프와 인기를 양분한 곳이 '카페 드 라 레장스'였다. 당초 이 카페는 1686년 루이 14세의 조카 오를레앙의 공저인 팔레 루아얄 앞에 '카페 드 팔레 루아얄'이라는 이름으로 문을 열었지만,

1718년 프로코프 풍으로 실내를 호화롭게 리뉴얼하면서 개명했다. 오를레앙 공 필리프의 지위에 걸맞게 '레장스(섭정)'로 이름을 바꾼 것이다.

레장스를 한 마디로 표현한다면 '체스 찻집'이었다. 계몽의 시대를 맞이한 18세기 프랑스에서는 지적 유희로서 체스가 크게 유행했다. 카페에서도 손님들끼리 체스를 두거나 이를 구경하는 풍경이 일상적이었다. 그 중심지가 되었던 곳이 바로 레장스였다. 많은 지식인과 체스 명인이 모여 묵묵히 승부를 펼치는 모습 때문에 '프로코프는 잡담, 레장스는 침묵과 긴장이 지배했다'는 말로 표현될 정도였다.

이 섭정시대(1715~1723)를 일컬어 19세기 역사가 미슐레는 '파리는 거대한 카페가 되었다'라고 표현했다. 18세기 초에는 인구 50만 명 파리에 300개의 카페가 들어섰으며, 프랑스혁명 직전인 1788년에는 인구 60만 명 도시에 1,800개로 증가했다.

18세기 중반 프랑스에서는 추출법과 추출기구의 변형 및 시행착오가 이어졌다. 그 이전에는 분쇄한 커피가루를 물과 함께 불에 끓여 터키 방식으로 마시는 것이 일반적이었다. 그러나 카페에서 대량으로 마시는 커피에 가열을 계속하거나 미리 만들어두면 맛이 나빠졌다. 때문에 뜨거운 물에 커피가루를 담갔다가 빼는 침출법이 새로 개발돼 널리 퍼졌다.

1763년에는 돈 말탄이라는 인물이 도기로 만든 포트 안쪽에 플란넬 여과봉지를 걸치는 추출기구(돈 말탄의 포트)를 발명했다. 현재 드립식의 원형이라고 불리는 발명품이지만 커피가루 대부분이

물속에 잠기기 때문에 지금의 드립식보다는 프렌치프레스에 가깝다. 어쨌든 커피를 '집착하는 세계'로 이끌기 시작한 것도 프랑스인이라고 할 수 있다.

## 프랑스혁명은 카페에서 시작되었다

18세기 프랑스 최대 사건을 꼽으라면, 단연 프랑스혁명이다. 실은 이 혁명에도 카페가 지대한 역할을 했다. 유럽 제국들이 속속 근대화되는 가운데, 프랑스는 여전히 구태의연한 절대왕정 체제(앙시앙 레짐)를 고수하고 있었다. 이런 상황에서 토론의 장인 카페에 등장한 볼테르와 루소 등 계몽주의 사상가들이 체제 비판 목소리를 내기 시작했다. 나아가 부르봉 왕조가 안고 있는 거액의 재정 적자까지 겹치면서 왕조 타도를 외치는 혁명가들의 목소리는 더욱 높아졌다.

그들의 배후에 있었던 인물이 부르봉 왕가에 이어 왕위계승권을 가졌던 오를레앙 공작 루이 필리프 2세이다. 호시탐탐 왕위를 노리던 그는, 자유주의를 표방하며 부르봉 왕가와 대립했다. 1780년 부친으로부터 팔레 루아얄을 물려받은 그는 중정의 회랑을 5년에 걸쳐 대대적으로 보수한 뒤 고급 부티크와 카페 등 다수의 입주자를 모아 일대 쇼핑몰을 만들었다. 팔레 루아얄은 일반 시민에 개빙되었지만 유일하게 출입 금지된 부류가 있으니 국가 권력 즉 경관이었다. 이 때문에 정부에 쫓기는 혁명가와 사상가, 범죄자와 창녀까지 모여들면서 파리에서 가장 활기찬 장소가 되었다.

그리고 맞이한 운명의 1789년 7월 12일. 팔레 루아얄 회랑에 있는 카페 드 포아의 테라스에서 한 청년이 지나가는 민중을 향해 연설을 했다. 카미유 데물랭Camille Desmoulins. 이 카페를 거점으로 하는 혁명파 정당 자코뱅 클럽에 출입하던 저널리스트였다.

재정 개혁을 추진하던 시민파 재무장관 네케르가 해임되었다는 소식이 시민들에게 알려지면서 '이대로 가면 보수파 귀족들이 원하는 대로 된다' '왕당파는 외국인 포로를 이용해 시민을 탄압하고 학살을 하려고 한다'는 소문이 삽시간에 퍼졌다.

데물랭은 시민들에게 무기를 들 것을 주문하면서, 아군의 표식으로 가로수 녹색 잎을 몸에 걸치도록 했다. 그리고 7월 14일, 무기를 찾아나선 시민들이 바스티유 감옥을 습격하면서 혁명의 불씨가 붙었다.


## 수수께끼투성이 최대 소비국 : 네덜란드

당시 최대 커피 소비국은 어디였을까? 커피하우스의 영국? 카페의 프랑스?

추계에 따르면 커피를 가장 많이 마신 나라는 네덜란드였다고 한다. 네덜란드는 해상로를 이용한 커피 수입과 재배에 가장 먼저 착수한 나라였다. 18세기에는 동인도 항로인 모카, 자바, 레위니옹, 서인도 항로인 아이티, 마르티니크, 수리남을 통해 세계의 커피들이 암스테르담으로 모이고 있었다. 네덜란드에서는 이렇게 들여온 커피를 북유럽과 독일 등에 판매했지만 국내 소비량 역시 만

만치 않았다. 제1차 세계대전으로 수입이 멈출 때까지, 네덜란드는 개인 소비량 최고 자리를 내놓지 않았다.

그러나 당시 네덜란드인이 어떤 방식으로 커피를 마셨는지에 관한 기록은 거의 없어서, 소비 실태는 수수께끼에 싸여 있다. 1700년경에 인구 20만 명인 암스테르담에는 32개의 카페가 있었다고 전해진다. 영국, 프랑스와 비교하기 민망할 정도로 적은 숫자다. 카페와 관련해 화려한 이야기들도 전해지지 않으니, 어쩌면 가정과 직장의 소비가 주류였는지도 모른다. 그도 아니라면 정식 절차를 거치지 않은 채 다른 나라로 밀수출했을 가능성도 없지 않다.

## 여성들이 사적 공간에서 만나서 마시다: 독일

현재의 독일(당시 프로이센)에 커피가 전해진 것은 1670년이다. 유럽 다른 나라의 경우 커피는 '남자가 카페에서 마시는 것'이었던 반면, 독일에서는 '여성들이 사적 공간에서 내려 먹는 음료'로 보급되었다. 누군가의 집에 모여 식기 등을 자랑하면서 커피를 마시고 수다를 떠는, '커피 대화'가 주부들 간 사교장으로 인기를 끌어 20세기 초까지 유행했다.

당시 독일 여성들 사이에서 커피가 얼마나 인기를 누렸는지 보여주는 사례 중 하나가 '잡담은 그만, 조용히!'로 시작하는 바흐의 오페라 〈커피 칸타타〉이다. 매일 세 잔의 커피를 마시고 커피 없이는 살 수 없다는 딸을 아버지가 어떻게든 막아보려고 식사와

옷 등을 빼앗으면서까지 커피를 마시지 말라고 협박한다. 딸은 전혀 굴하지 않았지만 마지막으로 '신랑감을 찾아주지도, 결혼시키지 않겠다'고 협박하자 딸이 '연인을 찾아준다면 커피를 끊겠다'고 아버지에게 맹세한다. 하지만 영리한 딸은 '커피를 마시게 해주는 상대가 아니면 결혼하지 않겠다'고 마음먹고는 혼인계약서에 커피를 허락한다는 내용을 넣고야 만다. 결국 결혼과 커피를 모두 보장받은 딸과 아버지가 한바탕 노래를 부르는 것으로 이 오페라는 끝난다. 지금 우리의 상식으로는 납득하기 어렵지만, 당시 독일에서는 부친이 딸의 결혼 상대를 찾아주는 게 일반적이었으며 여성들 사이에 커피붐이 일었다는 점을 고려할 때 이 곡이 만들어진 배경을 충분히 가늠할 수 있을 것이다.

18세기 후반 들어 커피 소비가 계속 증가하자 국가 자본이 해외로 유출되는 것을 우려한 프로이센 왕 프리드리히 2세는 소비 억제책을 연달아 내놓았다. 지정업자 외에는 배전을 금지하고 수입을 규제하는가 하면, 1777년에는 커피금지령을 선포하기도 했다.

이로 인해 독일은 치커리와 대맥 등으로 만드는 대용 커피가 개발돼 서민들에게 확산되었다. 결국 이 금지령은 오래 지속되지 못했고, 1780년 이후 독일은 프랑스를 능가할 정도의 커피 소비국으로 성장하였다. 그러나 이후에도 대용 커피 소비는 진짜 커피와 함께 증가하였고 독일에서는 약 200년에 걸쳐 소비의 절반 이상을 대용 커피가 점유했다. 그리하여 '독일 커피'라고 하면, 대용 커피를 의미할 정도까지 되었다.

## 당구, 신문, 크루아상과 함께 : 오스트리아

유명한 콜시츠키의 '파란 병 아래 집'이 최초인지 아닌지와는 별개로, 1683년 오스만 군에 의한 제2차 빈 포위전 이후 오스트리아에서도 카페가 들어서며 시민의 사교장으로서 확대되었다. 프랑스 카페에는 체스가 있었지만, 빈 카페에 '반드시'라고 해도 좋을 만큼 대부분 갖추고 있던 게 바로 당구대와 신문이다. 빈 사람들은 당구로 흥을 돋우거나 신문을 읽으면서 카페에서 시간을 보낸 것 같다.

그리고 또 하나 당시의 카페 메뉴에 등장한 것이 크루아상이다. 이 초승달(크루아상) 모양의 빵은 오스만 군을 격퇴한 기념으로 그들의 깃발 문양이었던 초승달을 모티프로 하여 만들었다고 한다.

빈의 카페는 프랑스만큼 화려하지는 않았지만 18세기에는 착실하게 숫자를 늘려갔다. 하지만 나폴레옹 전쟁을 치르면서 격감했다. 빈에서 카페 전성기가 부활한 것은 전쟁 종결 후 도래한 비더마이어biedermeier 시대부터다.


## 커피하우스, 공민관 역할을 하다 : 미국

커피가 처음 미국에 전해진 시기 및 경위는 잘 알려져 있지 않다. 남아 있는 가장 오래된 기록은 1668년 뉴욕에서 커피를 마셨다는 것이다. 다만, 뉴욕이 아직 네덜란드 식민지로 뉴암스테르담이라고 불리던 시기에 네덜란드 동인도회사를 통해 전해졌을 가능성이 높다. 모카에서 처음 커피가 수출된 해를 고려하면 1640~1664년 사이가 아닐까 추측할 뿐이다.

1607년 버지니아 식민지의 지도자였던 탐험가 존 스미스가 커피와 커피나무를 전했다고 하는 책도 있지만, 아마도 이는 유커스가 《All about Coffee》라는 책에서 '존 스미스가 커피지식을 미국에 처음 전했다'라고 말한 내용을 오역한 듯하다.

커피는 1670년경 뉴잉글랜드에도 전해지고, 바로 그곳에 미국 최초의 커피하우스가 생겨났다. 초기의 등기부는 소실되었지만 1676년 뉴잉글랜드 중심도시 보스턴에서 여러 명의 상인과 주민이 '커피를 파는 퍼블릭하우스에서 사람을 모집한다'라는 내용으로 마을 행정위원회에 요청해 존 스페리라는 사람이 영업허가를 받았던 기록이 남아 있다. 당시는 런던 커피하우스의 전성기였고, 거래소 근처 건물이었다는 점을 고려하면 상인들이 모이는 장소로서 문을 열었을 것이다.

당시 미국에서는 퍼블릭하우스(영국의 펍)와 커피하우스, 선술집(태번), 숙소(인)의 개념이 혼용되었다. 명확한 구별이 없는 탓에 가게 이름은 커피하우스이지만 태번이자 펍의 형태가 섞여 있었다. 어찌됐든 커피, 술, 식사 등을 제공하고 주민 간 교류와 상담의 장으로, 또 지역행사를 위한 '공민관' 역할까지 겸하는 공공장소였던 셈이다.

18세기 보스턴에서는 중심가인 킹스트리트(현재의 스테이트 스트리트)에 있던 '그린 드래곤 태번'과 '반치 오브 그레이프스' 등이 그 역할을 했다.

뉴욕에서도 1696년 '헤칭즈 커피하우스'가 개업해 보스턴처럼 마을의 구심점 역할을 했다.

또 런던에서 시작된 '뉴스와의 조합'을 노린 커피하우스가 보스턴에도 등장했다. 1690년 벤저민 할리스라는 출판업자가 연 '런던 커피하우스'가 그 처음이었다. 그는 개업과 동시에 미국 최초의 신문 〈퍼블릭 오큐런시스*publick occurrences*〉를 발행했지만, 허가를 받지 않고 신문을 발행한 탓에 창간과 동시에 체포되었다. 그리고 1695년에 다른 출판업자가 일종의 북카페라 할 '거트리지 커피하우스 Gutteridge coffee house'를 개업한다. 지금 일본에서 유행하는 '책과 카페의 조합'이 미국에서는 이때부터 전형적인 모습으로 자리잡은 것이다.

## 보스턴 차 사건을 계기로

18세기 후반이 되면서 식민지 미국과 본국 영국 간 관계에 변화가 생겼다. 물론 미국 남부의 경우 여전히 영국과 경제적으로 밀접하게 연결돼 있었다. 남부에서 생산한 면화를 영국에 판매하고 영국에서 가공한 제품과 기계를 남부가 매입했다. 나아가 영국은 미 남부에서 생산한 면화로 제품을 만들어 다른 나라에도 판매하는 식으로 공생하는 관계였다.

반면 공업화가 진행되던 미국 북부 자본가들은 호시탐탐 남부의 시장을 욕심내고 있었다. 당연히 남부와 영국 간 오래된 관계에 불만이 쌓였다. 게다가 영국이 7년전쟁(1756~1763)의 부채를 매우기 위해 모든 물품에 관세를 메겨 강한 반발을 사고 있었다.

# 커피 유해론과 구스타프 3세의 인체실험

이 시기 유럽에서는 커피가 건강에 유해하다는 의견이 분분했는데, 이를 '인체실험'으로 확인하고자 한 인물이 있었다. 스웨덴 국왕 구스타프 3세(1771~1792)가 바로 그 장본인이었다. '커피 유해론'을 지지하던 그가 커피금지령을 선포했음에도 불구하고 숨어서 마시는 사람들이 줄지 않았다.

그러자 그는 특이한 제안을 하고 나섰다. 당시 살인범으로 체포된 두 쌍둥이 사형수를 종신형으로 감형해주는 대신 그들 중 한 명에게는 매일 다량의 커피를, 다른 한 명에는 같은 양의 홍차를 마시도록 조치했다. 그렇게 해서 커피를 마신 죄수가 빨리 죽으면 커피 유해론이 과학적으로 증명된다고 생각한 것이다.

하지만 애석하게도 1792년, 두 죄수보다 먼저 국왕이 암살되었다. 왕 사후에도 이 실험은 계속되었다. 두 명 다 장수해 홍차를 마신 쪽이 83세에 먼저 사망하였으나, 커피를 마신 쪽이 몇 살까지 살았는지는 전해지지 않았다.

이 에피소드는 1937년 미국의 과학 잡지에 처음 소개되었고, 지금도 많은 커피책들이 '커피가 건강에 좋다는 증거'로 이 일화를 소개하곤 한다. 아주 흥미롭기는 하다. 하지만 각각 한 명을 대상으로 커피와 홍차의 효능을 실험한 것은 어떤 근거도 되지 못한다. 지금은 윤리적으로 허용되지 않는 실험이지만 솔직히 쌍둥이가 아니어도 좋으니 각각 수십 명씩 비교해보면 어떤 결과가 나올까? 이런 생각을 안 해본 것은 아니다.

차곡차곡 축적된 불만은 한순간 폭발했다. 1773년, 영국이 자국의 동인도회사에만 무관세 홍차 판매를 인정하는 조례를 선포하자 성난 미국 급진파들이 영국 동인도회사 선박을 습격해 쌓여 있던 차를 바다에 빠뜨려버린 '보스턴 차 사건'이 일어난 것이다. 이를 계기로 1775년 미국 독립전쟁이 발발했고, 1783년 파리조약을 통해 미합중국이 탄생했다.

이러한 영국과의 대립은 북아메리카 사람들의 음료가 차에서 커피로 대체되는 계기로 작용하면서 커피 소비 증가로 이어졌다. 실제로 미국에서는 보스턴 차 사건 전후 단기간에 커피 소비량이 7배나 늘었다. 특히 사건이 일어난 보스턴에서는 홍차를 대신해 옅은 커피가 보급되었고, 미국 내에서도 특히 보스턴은 '약배전'을 대표하는 지역이 되었다.

18세기 후반에는 뉴욕이 미국의 거래 중심으로 부상해 내륙의 커피 공급을 담당하기 시작했다. 그리하여 1790년에는 생두 수입업자가 생겨나고, 국내 수요를 위한 도매 배전업자들 간 분업체제도 이루어졌다.

# 5장

# 커피나무, 세계로 퍼져나가다

아라비카 2대 품종 • 티피카 계보: 이슬람교도에 의한 전파 • 자바 커피의 시작 • 고귀한 나무 • 드 클리외와 '티피카' • 브라질 전파는 로맨스의 결과? • 훔쳐내지 않은 유일한 커피 '부르봉' • 커피는 '돈이 되는 나무'

커피 소비가 증가하면서 유럽 열강이 이 식물을 주목하기 시작했다. 17세기 말이 되자 식민지에서 커피 생산을 모색하는 나라가 하나 둘씩 나타났다. 그 선두가 네덜란드와 프랑스이다. 이 두 나라에 의해 동남아시아와 카리브 해에 커피나무가 전해지고 전 세계로 확산되기에 이른다.

나아가 그 이면에서 모험과 로망 넘치는 여러 이야기가 펼쳐졌으니, 이번 장에서는 17~18세기 생산국으로 눈을 돌려 커피 재배가 전파된 궤적을 살펴보려 한다.

## 아라비카 2대 품종

15세기에 아덴에서 커피가 발명된 후 17세기에 이르기까지, 커피 재배의 중심지는 예멘이었다. 특히 오스만 제국 통치 히에서 커피 재배가 장려되어(1544년), 라시드 왕조가 예멘 통일을 이룬(1636년) 후에도 중요한 수출 작물로서 재배되었다. 에티오피아 하라에서도 16세기에는 생산량이 증가했지만 16세기 후반 오로모족의 침공으로 타격을 받고 만다.

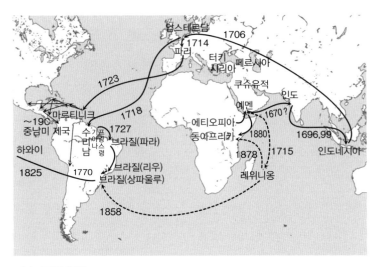

커피 재배의 전래
아라비카종 주요 전래 경로만 표시했다. 실선은 티피카, 점섬은 부르봉 전래 경로다.

당시 예멘에서는 커피 재배를 독점하기 위해 종자와 묘목 반출을 금지했다고 한다. 진실이 어떤지 알 수 없지만, 콩을 삶아서 발아되지 않도록 가공한 후 수출했다는 이야기가 남아 있을 정도다.

이 같은 금지령에도 불구하고 서로 다른 성질을 가진 두 종류의 커피나무가 각각 다른 경로로 반출되었다. 인도네시아와 유럽을 거쳐 중남미로 건너간 '티피카'와 레위니옹 섬(부르봉 섬)으로 건너간 '부르봉'이 그것이다.

티피카도 부르봉도 전파되는 과정에서 각각 단 한 그루 나무 자손만이 살아남았다. 현재 세계에서 재배되는 절대 다수 아라비카종은, 원류를 거슬러 올라가면 이 둘 중 하나의 후손이 된다. 바꿔 말하면 세계에서 재배되는 아라비카종 대부분은 이 두 그루의 나무의 자손인 셈이다. 그 때문에 티피카와 부르봉은 아라비카 '2대 품종' 또는 '원품종'이라고도 불린다.

티피카는 가지 끝부분에 맺히는 새싹이 브론즈 색이다. 콩은 알이 굵고 길쭉하며 약간 납작한 배 모양으로 완곡한 형상이다. 이에 비해 부르봉은 새싹이 녹색이다. 가지의 각도가 티피카보다 위를 향해 자라며 잎은 넓적하다. 콩은 알이 잘고 둥그런 모양이다.

실은 현재 예멘에서 재배되는 커피나무와 에티오피아 서남부 야생종에도 티피카 및 부르봉과 모든 특징이 정확히 일치하는 것은 찾아보기 힘들어, 그 직접 기원은 수수께끼에 싸여 있다. 단 전파 경위로 비추어 보면 17~18세기 예멘에서는 지금보다 많은 종류의 커피나무가 재배되고 있어서, 그들 중 하나가 반출되어 티피카와 부르봉의 조상으로 남았을 가능성이 높다.


## 티피카 계보 : 이슬람교도에 의한 전파

최초에 예멘에서 커피를 반출한 것은 네덜란드도 프랑스도 아닌 이슬람교도라고 전해진다. 단 확실하게 단언할 수 있는 역사적 자료가 없으므로 실제 경위는 잘 모른다. 수출 등 기록도 없고 본격적인 생산과도 거리가 멀었지만, 그들이 반출한 커피나무가 티피카의 기원이 된 것만은 분명해 보인다.

1658년 네덜란드가 포르투갈을 대신해 실론(스리랑카)을 식민지화했을 때, 이슬람교도가 이미 그곳에서 커피나무를 심어 길렀다고 전해진다. 그것이 예멘 이외 지역에서 커피를 재배했다는 최초의 기록이다. 일설에는 이 커피나무가 인도와 인도네시아에도 전해졌다고 하는데 사실이 어떠했는지는 확인되지 않는다. 인도에는 1670년경 바바 부단이라는 이슬람 성자가 남서부 칼나타카주 치카마가르르 산중에서 커피 재배를 시작했다는 전설도 있다. 이 땅에는 7세기 메카에서 건너와 민중을 위해 압정자와 싸운, 다다 하야트라는 이슬람 영웅을 기리던 사당이 있었는데, 힌두교도들은 그를 닷타트레이야라는 신과 동일시하여 숭배했다.

17세기, 인도 남부 이슬람 왕조를 모시던 바바 부단이 4년에 걸쳐 사당을 깨끗이 한 후에 메카로 순례를 떠난다. 그가 귀국한 후 사람들은 그를 다다 하야트의 재림이라고 여기며 숭배했다고 한다. 순례를 마치고 귀국하던 그는 모카에서 몰래 입수한 일곱 알의 커피 종자를 자신의 품에 숨겨 가져오는 데 성공했다. 사당 근처에 심은 종자 중 한 알만이 싹을 틔웠고, 이것이 티피카계 최고의 재배품종 '올드 칙'의 선조가 되었다고 전해진다. 이 품종은 19세기까지 남아 있었지만, 그후 유행한 커피 녹병으로 전멸해버렸다.

## 자바 커피의 시작

유럽 열강들 중 최초로 커피 재배에 손을 댄 것은 네덜란드였다. 네덜란드 동인도회사는 1619년 인도네시아 자바 섬 바타비아(현재의 자카르타)를 점거한 뒤 이곳을 중계점으로 교역을 했다. 그러나

17세기 중반 중계교역이 기울기 시작하면서, 식민지 주민에게 지정된 작물을 재배하게 한 뒤 이를 싸게 매입해 이익을 얻는 쪽으로 방향을 바꾸었다.

이 '의무 공출제도'(최초 실시한 자바 서부 고지의 이름에서 '프리앙간제'라고도 불렸다)는 당초 면화로 시작해 후추와 인디고(감) 등 작물에 적용되었다. 그 중 가장 성공한 것이 커피였다. 프리앙간 고지대의 기후가 커피와 맞아떨어졌고, 다른 작물에 비해 재배가 수월했으며, 현지 주민들이 들불을 놓은 땅에서도 잘 자랐기 때문이다.

1690년 커피가 이곳에 본격적으로 도입되기에 앞서, 한 그루 묘목이 몰래 아덴에서 바타비아의 네덜란드 영사관으로 보내져 정원에서 시험 재배되고 있었다. 이것이 기록에 남은 인도네시아 최초의 커피나무이다. 1696년에는 인도의 마라바르에서 보내온 묘목을 바타비아 근교 농원에 심지만 이듬해 홍수로 전멸했다. 1699년 다시 묘목이 전해지고, 이 나무를 통해 커피를 수확하기에 이렀다.

1706년, 동인도회사는 시장 유통 가능성을 확인하기 위해 이 커피콩을 본국에 보내면서 몇 그루 묘목도 암스테르담 식물원에 샘플로 딸려 보냈다. 그로부터 5년 후인 1711년, 자바산 커피콩이 네덜란드 옥션에 출품되었다는 기록이 나온다.

네덜란드 농인도회사는 수송 도중 모카에 들러 자바산 커피가 시장점유율을 높일 수 있도록, 저가 판매전략을 쓰기로 한다. 이 전략이 맞아떨어져 1715년경에는 자바가 모카에 이은 커피 산지로 급성장한다.

## 고귀한 나무

한편 프랑스에서는 17세기 후반 이후 궁정과 살롱에서 커피 인기가 높아지고, 카페 르 프로코프가 등장하면서 '카페 전성기'를 맞았다. 당연히 수요도 급증했다.

당시 프랑스는 주로 레반트에서 지중해를 경유한 커피콩을 수입하고 있었는데, 인기가 급증하는 바람에 상인들의 매점매석이 심각한 문제로 대두됐다. 게다가 레반트에서 커피 가격이 급등하자 그 여파로 이스탄불 사람들이 마실 양이 감소했다. 이에 분노한 오스만 제국이 유럽으로 수출을 규제하고 나서면서 이번에는 프랑스에서 공급부족 현상이 일어났다.

반면 모카와 활발하게 커피를 거래한 곳은 네덜란드와 영국의 동인도회사였다. 하지만 그 무렵 프랑스는 두 나라와 적대관계에 있었다. 프랑스 동인도회사가 뒤늦게 모카커피 직수입에 뛰어들었지만 이 과정에서 영국의 방해에 막히기 일쑤였다. 그러던 참에 네덜란드가 자바에서 커피 재배에 성공했다는 뉴스가 전해지자 프랑스도 자국 식민지에서 재배하기로 한다.

프랑스와 네덜란드는 1713년 유트리히트 조약을 통해 우호관계를 회복했고, 이 기념으로 암스테르담 시장이 루이 14세에게 한 그루 커피나무를 선물했다. 1706년 자바에서 암스테르담 식물원으로 보내진 나무의 자손이었다. 이 나무는 '고귀한 나무'로 불리며 파리에서 소중하게 키워진다.

커피나무를 손에 넣은 프랑스는 1697년 스페인에서 획득한 식민

# 아랍의 재스민

'아랍의 재스민과 월계수 잎, 그 열매를 우리들은 커피라고 부른다.'

1713년 루이 14세가 커피나무 재배를 위탁한 프랑스왕립식물원(현 파리식물원)의 교수 앙트완 드 쥬슈가 쓴 문장이다.

만년의 루이 14세는 커피 재배에 대단한 집념을 보여서, 파리 근교 마를리 성 Chateau de Marly에서 재배를 하도록 명령했다. 솔리만 아가 사건으로 떨떠름한 마음이 없지 않았겠지만, 노련한 루이 14세는 커피의 경제적 가치를 인식했을 것이다.

훗날 '분류학의 아버지' 카를 린네Carl von Linne가 커피나무의 학명을 결정할 때, 드쥬슈에게 경의를 표하며 'Coffea Arabica(아랍의 커피나무)'라고 이름붙였다. 이것이 '아라비카종'이라는 이름의 유래이다.

천신만고 끝에 온실 재배가 성공했고, 염원하던 식민지 재배를 위해 1715년 아이티로 보내지만 성과는 그다지 좋지 못했다. 그리하여 프랑스령 최초의 커피는 부르봉에게 빼앗기게 된다.

루이 14세는 커피 재배가 성공하는 것을 보지 못한 채 세상을 떠났다. 이후 온실 커피나무는 왕위와 함께 다섯 살의 루이 15세에게 양도된다. 훗날 많은 애인들에게 둘러싸여 '사랑받는 왕'으로도 불렸던 그는 이 커피나무에서 수확한 커피를 애인들에게 나눠주며 희대의 '커피 왕'으로도 불렸다.

지 생 드망(현재의 아이티)에서 재배를 시작했다. '고귀한 나무'를 손에 넣은 2년 뒤인 1715년, 아이티로 커피 묘목을 들여왔지만 재배는 쉽지 않았다. 아이티에서는 이미 사탕수수와 카카오 재배가 궤도에 오른 상황이었다. 게다가 프랑스가 네덜란드 및 영국과 관계를 개선하면서 재배를 서둘러야 할 필요성도 사라진 상황이었다. 고생해서 손에 넣은 커피나무였음에도, 재배가 성공하지 못한 현실적 이유가 여기에 있었다. 이후 1725년에 닥친 허리케인으로 '고귀한 나무'의 자손들은 대부분 소실되었다고 한다.

## 드 클리외와 '티피카'

1723년, 프랑스 낭트에서 카리브해로 향하던 한 척의 상선에 유리상자를 품에 안은 해군장교 가브리엘 마티유 드 클리외Gabriel Mathieu De Clieu가 타고 있었다 그 유리상자는 바로 '간이온실'로, 안에 작은 커피나무 묘목이 들어 있었다. 젊은 귀부인에게 왕실주치의인 드 시라크를 농락하게 한 뒤 그를 통해 파리식물원에서 몰래 입수한 묘목이었다.

한 그루 묘목을 위한 항해는 고난의 연속이었다. 해적선을 피해 도망치기도 하고, 악천후로 고생하고, 수상한 독일어 억양을 지닌 프랑스 선원이 그의 '영예로운 도전'을 좌초시키려고 방해까지 했다. 심지어 도착을 목전에 둔 상황에서 배에 실은 식수가 바닥나자 드 클리외는 자신이 마실 얼마 안 되는 물을 커피에 주었다고 한다.

갖은 위험을 극복한 배가 카리브해의 작은 섬 마르티니크에 도착하자 그는 그 땅에 커피나무를 심었다. 묘목은 놀라운 속도로 자라서 많은 열매를 맺고 자손을 번성시켰다. 이것이 중남미 품종 '티피카'의 기원이라고 널리 알려진 이야기이다.

그러나 이 이야기의 근거는 모험가 드 클리외의 자전에 의지한 것일 뿐 어디까지가 사실인지 확인할 길이 없다. 1723년 마르티니크 섬에 도착한 그는 이듬해에 섬 북쪽에 위치한 과들루프의 마리가란트 섬 시장이 되었고, 1737~1735년에 과들루프의 장관을 역임했다. 1725년 이 일대가 거대 허리케인의 피해를 입은 후 드 클리외는 커피 묘목을 제공해 재배를 장려하고 부흥을 도모했다. 이때 아이티에도 그의 커피나무가 전해졌다고 한다.

1725년 이후 서인도제도의 프랑스 식민지였던 마르티니크, 과들루프, 아이티에서의 커피 생산이 비약적으로 증가했다. 특히 1715년경부터 카카오 농원에서 대병충해가 계속되던 아이티에서는 1725년의 허리케인과 1727년의 대지진으로 플랜테이션이 붕괴되었다. 이런 상황을 파고들어 커피 재배가 급성장했다.

커피 본가인 모카와 자바에 비하면 유럽에 이르는 카리브 해는 항로가 짧았고, 그것이 가격경쟁에 유리하게 작용했다. 이 덕에 1730년대 프랑스인들은 부족하지 않게 커피를 마실 수 있었다. 나아가 이전에 커피를 사러 가던 레반트의 이슬람교도들에게 커피를 역수출할 정도였다. 1750년에는 아이티가 세계 커피의 절반을 점유할 만큼 최대 산지로 성장했다.

## 브라질 전파는 로맨스의 결과?

드 클리외가 들여온 마르티니크 커피가 중남미 커피의 시작이라고 하지만, 그 이전에 묘목을 들여온 두 나라가 있었다.

아이티(1715년)와 수리남(네덜란드령 기아나, 1718년)이 바로 그곳이다. 1718년, 네덜란드는 식민지 수리남에 암스테르담 식물원의 커피를 보내 노예들이 재배하도록 했다. 하지만 가혹한 환경 탓에 노예들이 도망치기 일쑤였고, 다른 산지에 비해 발전은 더뎠다.

당시 기아나 지방은 서쪽부터 영국령(현재 가이아나), 네덜란드령 (현재 수리남), 그리고 프랑스령 등 세 곳으로 분할 통치되고 있었다. 영유권을 둘러싸고 유럽 열강의 다툼이 끊이지 않는 땅이었다. 따라서 프랑스령 기아나에서 커피 재배를 염원했음에도 불구하고, 바로 옆 국가인 수리남은 커피나무를 나눠주지 않았다.

그 즈음 프랑스령 기아나 영사에게 수리남에 사는 '물루주'라는 남자가 연락을 해왔다. 프랑스령에서 죄를 짓고 수리남으로 도망친 남자였다. 그는 수리남의 커피나무를 훔쳐다 줄 테니 프랑스령 기아나에 남아 있는 연인을 만날 수 있도록 선처해달라고 영사에게 부탁했다. 이 계략이 성공해 프랑스령 기아나에서도 커피 재배가 시작되었다. 1722년의 일이다.

그러던 1727년, 적대관계이던 수리남과 프랑스령 기아나가 일촉즉발의 상황으로 치달았다. 이 상황을 중재하겠다며 나선 나라가 프랑스령 기아나 동쪽 부근에서 중립적 입장을 취하던 포르투갈령 브라질이었다. 프란시스코 드 메료 파리에타라는 관사가 중재 임무를 띠고 프랑스령 기아나로 파견됐다. 문제는 브라질 정부가 파리에타에게 커피나무를 가져오라는 밀명을 내렸다는 점이었다.

파리에타라는 남자는 꽤나 '제비'였던 모양이다. 작심하고 나선 그는 프랑스 영사 부인을 유혹하는 데 성공했다. 사랑에 빠진 영사 부인은 연인의 밀명을 성공시킬 책략을 세웠다.

회담이 무사히 끝나고 브라질로 돌아가는 연인에게 부인은 이별의 선물이라며 꽃다발을 건넸다. 그 꽃다발 속에 다섯 그루 커피나무가 숨겨져 있었다. 1727년, 어린 묘목 다섯 그루가 브라질 북부 파라주에 심겼다. 훗날 세계 최대 커피 대국으로 성장하는 브라질에 커피나무가 첫 뿌리를 내린 것이다.

그러나 이 에피소드 역시 후세의 창작이었을 가능성이 높다. 실제로는 파리에타가 금을 내어주고 밀수했다든가 혹은 한참 뒤에 들어왔다는 설도 있다. 그러나 세계 최대의 커피 대국을 자임하는 브라질 사람들에게는 그들의 커피가 다른 중남미 국가들과 다른 경로로, 그러니까 정열적인 로맨스의 결과로 전해졌다는 설이 일종의 자부심으로서 받아들여지는 듯하다.


## 훔쳐내지 않은 유일한 커피 '부르봉'

이렇게 보면 바바 부단에서 시작되어 드 클리외, 무르주, 파리에타로 이어진 티피카의 전래 과정은 얼마나 잘 속이고 잘 훔쳐내는가의 연속이었다. 그렇다면 2대 품종의 다른 한쪽인 부르봉은 어떠했을까.

예멘에서는 커피 재배를 독점하기 위해 종자와 묘목 양도를 금지했지만, 부르봉만큼은 예외였다. 정당한 절차를 밟아서, 그것도 예멘 국왕이 프랑스 상인에게 직접 양도했으니 말이다. 당시 예멘을 지배하던 사람은 라시드 왕조의 국왕 알 마후지 무함마드(1689~1718)였다. 그는 전통과 격식을 싫어하고 형식을 무시하는 독단적 국왕이었다고 전해진다.

1712년, 프랑스 사절단이 예멘을 방문했을 때 (일본에서 노부나가가 외국인 선교사들을 재밌게 여긴 것처럼) 그도 사절단 알현 요청을 받아들인다. 이때 왕은 중이염을 앓고 있었다. 왕의 골칫거리이던 중이염을 사절단에 동행한 프랑스 의사가 고쳐주자 무함마드 왕은 단박에 프랑스라는 나라에 호감을 가졌다. 그 후 커피나무를 갖고 싶다는 사절단의 요청을 받아들여, 1715년 안벨이라는 이름의 프랑스 상인에게 묘목을 하사한다. 그것도 한두 그루가 아니라 통 큰 국왕의 풍모에 걸맞게 60그루를 선물했다.

묘목을 실은 배는 프랑스 동인도회사가 새로운 식민지로 개척 중이던 부르봉 섬(현재의 레위니옹 섬)을 향해 떠났다. 60그루 중 무려 40그루가 험난한 항해를 견디지 못해 말라죽고, 20그루만 살아남았다. 이것이 부르봉 섬에 세워진 수도원 정원에 심겼다. 예멘보다 남위가 높고 기온이 낮은 등 기후조건이 크게 달라서인지 뿌리를 내린 나무는 두 그루에 불과했다. 이듬해에는 그나마 한 그루도 말라죽고, 단 한 그루만이 남아 열매를 맺었다. 다행히 그 종자가 퍼져나가 부르봉 섬은 프랑스령 최초 커피 생산지가 될 수 있었다.

이 나무의 자손들이 바로 '부르봉'이다.

이 섬의 이름은 부르봉 왕조의 이름을 붙여서 부르봉 섬이 되었다가 프랑스혁명으로 부르봉 왕조가 붕괴한 뒤 제1공화정 시대에 '레위니옹 섬'으로 개명했다. 이후 나폴레옹 제정에서는 '보나파르트 섬'으로, 부르봉 복고 왕정에서 다시 부르봉 섬으로, 제2차 공화정에서 또다시 레위니옹 섬으로 이름이 바뀌어 오늘에 이르고 있다. 참으로 알기 쉬운 변천사를 지닌 섬의 이름이지만, 커피 품종 이름은 계속해서 부르봉이었다.

18세기 중반에 중남미로 확산된 티피카와 달리 부르봉은 오로지 부르봉 섬에서만 재배되었다. 그러다가 훗날 브라질 상파울루로 이식되어 '2대 품종'이라는 이름에 걸맞게 확산되었지만 여기에는 한 세기 넘는 시간이 걸려 19세기까지 기다려야만 했다.


## 커피는 '돈이 되는 나무'

커피나무는 18세기 들어 동남아시아와 중남미 제국에 전해졌다. 현재 아라비카종을 재배하는 나라들 중 오세아니아(하와이, 파푸아뉴기니)와 동아프리카(케냐, 탄자니아) 등을 제외한 주요 지역들은 모두 이 시기에 재배를 시작했다. 왜 이렇게 많은 국가와 지역에서 커피 생산이 시작되었을까?

당시 유럽은 제2차 백년전쟁(1689~1815)이 한창이었고 해외 식민지를 둘러싼 분쟁이 끊이지 않았다. 중남미와 카리브 해는 '삼각

# 아라비카종 전파의 열쇠

커피나무는 순식간에 전 세계로 퍼져나갔다. 여기에는 '비밀의 열쇠'가 존재한다. 아라비카종이 자가수분이 가능하다는 게 바로 그것이다.

사실 커피나무 대부분은 다른 나무의 꽃가루를 수분하지 않으면 종자가 맺히지 않는 '타가수분'형 식물이다. 조금 더 자세히 이야기하면, 커피나무속은 (1)수술과 암술이 꽃잎보다 길어서 밖으로 드러나 있는 유형(104종)과 (2)통상 꽃 내부에 수술과 암술이 들어 있는 유형(21종) 등 두 종류로 구분된다. 전자는 꽃가루를 바람으로 날려서 다른 나무에 수분시키는 '타가수분'형이고, 후자는 꽃 내부에서 수분하는 '자가수분'형이다. 아라비카종의 선조에 해당하는 로부스타종과 유게니오이디스종, 그리고 리베리카종도 전자에 포함된다.

반면 아라비카종은 전자의 유형이면서도 자가수분이 가능한 '변종'이다.

이렇게 타가수분형에서 자가수분형으로 바뀌는 현상은 이종 간 교배로 신종이 생겨날 때 종종 나타난다. 아라비카종 역시 로부스타종과 유게니오이디스종이 교배한 것으로, 신종이 생겨나는 과정에서 이런 성질을 획득한 듯하다.

티피카와 부르봉이 확산되는 과정에서는 단 한 그루 묘목, 단 한 알의 종자가 건너가는 경우가 있었다. 그럼에도 전파가 가능했던 건 자가수분이 가능한 아라비카종이었기 때문이다. 이것이 만약 로부스타종 등이었다면 얘기가 달라진다. 한 번에 수십 그루를 동시 이식하지 않으면 자손을 남길 수 없으며 종자가 되는 커피 알조차 얻을 수 없었을 테니, 재배 역시 불가능했을 것이다.

무역'의 한 각으로, 유럽 제국들은 아프리카에서 끌고온 노예들을 이곳에서 혹사시켜 수익을 올리는 데 혈안이 되어 있었다. 특히 자국의 커피하우스와 카페 대유행을 체험한 유럽인들의 눈에는 커피나무가 '돈이 되는 나무'로 보였을 것임에 틀림없다.

부랴부랴 재배를 시작했지만, 당장 산업 차원으로 키워낸 국가는 많지 않았다. 고도가 높은 지역에서만 잘 자라는 커피를 주요 수출품목으로 만들기 위해서는, 산지에서 항구까지 수송이 용이한 지형이거나 수송에 충분한 인프라가 갖춰져야 했다. 이 때문에 당시는 설탕 등 다른 작물을 선택하는 국가가 다수였다.

18세기 초반, 네덜란드령 인도네시아(자바)와 프랑스령 레위니옹 섬(부르봉 섬)이 커피를 활발하게 재배하면서 모카의 독점체제는 완전히 무너졌다. 18세기 중반이 되자 기존의 동인도 항로에 위치한 산지들뿐 아니라 네덜란드령 수리남, 프랑스령 아이티 등 서인도 항로상의 산지들까지 가세했다. 나아가 유럽으로 가는 수송비가 낮아지면서 아이티와 수리남이 생산량의 1~2위를 다툴 정도까지 성장했다.

현대인의 감각으로는 커피나무 전파 과정이 '사기 혹은 도적질'의 연속으로 여겨질 것이다. 하지만 그 무렵은 다른 나라에 대한 해적질을 국가가 용인하던 시대였다. 다시 말해 당시의 부도덕한 커피 반출 행위 역시 이교도와 적대국의 '보물'인 커피를 약탈해 국익을 돕는, 애국적이고 영웅적인 모험으로 간주되었다.

# 커피붐은 나폴레옹이 만들었다?

'커피에 가장 큰 영향을 미친 역사 속 인물이 누구인가?'라고 묻는다면, 당신은 누굴 꼽겠는가. 자부하니부터 루이 14세, 드 클리외도 무시못할 인물지만, 나에게 묻는다면 가장 먼저 호명하고 싶은 이름이 있다. 바로 나폴레옹이다. 그의 등장으로 시작되는 19세기, 커피를 둘러싼 세계는 어떻게 변모했을까.

## 대륙봉쇄에 따른 커피 부족

카페 드 포아의 연설이 불씨를 당긴 프랑스혁명에 의해 절대왕정은 막을 내렸다. 그리고 1793년 루이 16세가 처형되었다. 그러자 자국에 혁명사상이 파급될까 두려웠던 오스트리아와 영국 등 주변 국가들은 대불동맹을 결성해 프랑스를 공격했다. 혁명정부를 무너뜨리려는 시도였다.

이 전쟁에서 두각을 나타낸 사람이 나폴레옹이었다. 그는 1799년 쿠데타로 실권을 장악하는 동시에 반격에 나서, 프랑스뿐 아니라 대륙부 전체를 자신의 세력권으로 끌어들였다. 나아가 1800년 '대륙봉쇄령'을 발포했다. 당시 '세계의 공장'으로 불리던 영국을 경제적으로 몰아세우기 위해 유럽 대륙을 통째로 '봉쇄'한 뒤 해외 수출입 자체를 금한 것이다.

이로 인해 유럽에서 특히 부족해진 것이 식민지에서 수입하던 설탕과 커피였다. 나폴레옹은 유럽에서 입수 가능한 재료에서 설탕과 커피를 만들기 위한 과학연구를 장려했다. 얼마 지나지 않아 설탕 대체재로 유럽산 사탕무로 만드는 기술이 실용화되었지만, 커피 대용품은 쉽게 찾지 못했다. 향미는 어느 정도 비슷하게 흉내냈지만 각성작용까지 얻을 수는 없었던 것이다.

결국 유럽 대륙 전체가 심각한 커피 부족에 빠졌고, 프리드리히 2세 치하 독일의 커피금지령 시대에 고안되었던 치커리와 대맥 등으로 만든 대용커피가 프랑스에서도 일반적으로 유통되었다.

커피의 각성작용 본체가 카페인이며 유럽의 식물로는 대체 불가능하다는 사실이 밝혀진 건 나폴레옹 전쟁이 끝난 후였다. 1819년, 프리드리히 룽게가 대문호 괴테로부터 받은 모카 콩에서 카페인을 발견한 것이다.

나폴레옹 대륙봉쇄령은 결과적으로 볼 때 완전한 실책이었다. 적대국인 영국에는 그리 타격을 입히지 못했을 뿐더러, 영국의 공산품 및 식민지 수입품을 요구하는 유럽 제국과 프랑스 국민의 불만이 쌓여 나폴레옹 실각을 초래했으니 말이다.

철학자 카를 마르크스도 '대륙봉쇄로 인한 설탕과 커피 부족이 독일 사람들로 하여금 나폴레옹 정권 타도 의욕을 불붙게 했다'고 기록했다.

## 나폴레옹이 두고 간 선물

유럽 쪽의 영향을 보면, 나폴레옹은 그때까지 순조로웠던 커피 보급에 제동을 건 일 외에 별다른 영향을 발휘하지 못했던 것 같다. 반면 그가 일으킨 일련의 전쟁은 유럽 각국에 혼란을 초래했고 그것이 열강이 지배하는 식민지로 파급되었다.

1793년 프랑스 혁명군에 점령당한 네덜란드에서는 몇 개의 괴뢰정부가 만들어졌다. 이들이 1810년 나폴레옹에 의해 프랑스에 합병되고 네덜란드 동인도회사마저 해산되었다. 네덜란드령 커피 생산지 인도네시아는 일시적으로 영국 식민지가 되었다.

스페인독립전쟁(1808~1814)에서는 스페인 포르투갈 영국 연합군이 승리를 거뒀지만, 스페인과 포르투갈 망명정부가 설치된 브라질은 중남미 안에서도 가장 빨리 경제·문화적인 발전을 이루게 된다.

그후 독립한 중남미 국가들이 산업진흥에 나섰으나 식민지 시대 주요 작물이었던 설탕은 대륙봉쇄 시기의 사탕무당 실용화로 가격이 하락했다. 그러자 중남미 각국이 너도나도 커피 생산으로 갈아타며 주요 산업으로 발전했다.

워털루 전쟁에서 패한 나폴레옹은 1815년 세인트헬레나 섬에 유배된 후 1821년에 생애를 마쳤다. 사인은 위암이었다고도 하고, 비소에 의한 독살 또는 중독사(벽지의 비소계 도료를 곰팡이가 분해하면서 발생한 유독가스를 계속해서 마시게 되었기 때문에)였다고도 전해진다.

나폴레옹은 유명한 커피 애호가이며 커피통이었다고 알려져 있다. 다만 나폴레옹 관련 일화에는 각색이 너무 많아 사실이 어떠했는지는 알 길이 없다. 그는 본래 미식에는 그다지 관심을 보이지 않았으며, 부하에게 보낸 편지에서 치커리 대용커피를 절찬했다는 사실 등으로 미루어보건대 '커피통'이라고 말할 만큼 집착하지는 않았던 것 같다.

그러나 세인트헬레나에서 유배 중이던 시절에는 매끼니 후 빼놓지 않고 커피를 마셨다고 한다. 죽음에 이르기 며칠 전까지도 커피를 마시고 싶어 해서 주치의가 스푼으로 몇 번 마시게 하라는 허가를 내렸다 하니, 커피를 꽤나 좋아했던 것만은 분명하다.

이후 점점 더 병세가 악화된 나폴레옹의 모습을 그의 성실한 부하였던 벨트란은 다음과 같이 기록하고 있다.

> 그날 아침, 그는 커피를 마시게 해 달라고 스무 번 정도 부탁했다.
> "안 됩니다."
> "의사는 스푼 한 입이라면 허가한다고 하지 않았더냐."
> "안 됩니다. 어쨌든 지금은 안 됩니다. 왕의 위 상태가 너무 안 좋아졌기 때문에 아마도 토해버릴 것이기 때문입니다."
> — 앤서니 와일드, 《커피의 진실》 중에서

그 옛날 세계의 커피를 움직이던 위대한 황제도 떠나는 마지막 순간에 한 스푼의 커피를 자유롭게 마시지 못한 채 파란만장했던 생의 막을 내린 것이다.

## 제1차 커피붐의 개막

나폴레옹 실각 후 빈 체제가 가져온 평온이 유럽에 다시금 커피 인기를 몰고 왔다. 제1차 커피붐(1820~1840년대)이 열린 것이다. 대륙봉쇄가 해제되면서 목 놓아 기다리던 '진짜 커피'가 부활하자 커피 가뭄을 해소하기 위해 유럽 전체적으로 소비 확대가 일어났다. 1820~1830년대 브라질의 커피 증산에 따른 가격 인하도 이 붐을 뒷받침했다.

붐의 중심이 되었던 이들은 중산층 시민과 지식인들이었다. 빈 체제 아래 왕정이 부활한 유럽에서는 시민의 자유는 제한되었지만, 오래 지속되던 전쟁이 끝났다는 안도감과 평온한 시대를 음미하고자 하는 욕구가 폭넓게 퍼져나갔다.

바로 그러한 욕망이 바로크나 로코코 같은 귀족 취미 대신 일상생활의 쾌적함과 편안함을 추구하는 시민 문화, 일명 '비더마이어 Biedermeier'시대(1815~1848)를 열어젖힌 원동력이었다. 그 중심이 되었던 오스트리아에서는 간편하게 즐길 수 있는 음악과 무도, 특히 왈츠가 시민들 사이에서 유행했다. 특히 빈에서는 카페가 왈츠를 듣고 춤을 추는 공간이 되면서 전성기를 맞이한다.

한편 프랑스는 1830년 7월 혁명을 통해 복고 부르봉 왕조를 타도하는 입헌군주제가 들어서고, 부르주아지가 사회의 주역이 되는 시민 문화가 왕성하게 발전했다.

비더마이어 시대의 유럽 시민들은 간소하고 편리한 가구에 둘러싸여 가족끼리 단란한 시간을 보내는 걸 최고 행복으로 여겼다. 휴일에는 산과 들로 나가 자연을 만끽하고, 마음 편한 친구들과 모여 맛있는 식사와 술을 즐기는 식의 평범한 삶을 최상의 기쁨으로 여긴 것이다.

이런 사고방식이 커피를 집에서 즐길 기회를 만들었다. 나아가 사람들은 더 '맛있는' 커피를 요구하기 시작했다. 《미식예찬》(원제는 '미각의 생리학Physiologie du goût')으로 유명한 프랑스 미식가 브리야 사바랭, 베토벤, 발자크 등 명사들이 커피콩의 산지와 추출방법에 집착해 '맛있는 커피란 무엇인가'에 대해 각자의 지론을 펼쳤다.

가령 브리야 사바랭은 아라비아산 콩(모카)은 다른 커피와 달리 각별함이 있다면서 '드 벨루아의 포트'라는 추출기구로 내린 드립식 커피가 최고라고 주장했다. 그런가 하면 베토벤은 매일 아침 자신이 마실 커피를 내리는 것을 첫 일과로 삼았다. 그는 커피콩을 정확하게 60알 세어 커피 그라인더로 직접 갈아 내렸다고 한다.

발자크도 브리야 사바랭처럼 드립식을 사랑했다. 그는 모카, 마르티니크, 레위니옹 섬 등 세 개 산지 커피를 각각 다른 가게에서 구입해 블렌딩할 정도로 자신이 마시는 커피에 집착했다. 부르봉 왕조 시대 프랑스의 3대 산지 커피라는 점에서 왕당파 발자크다운 선택이었던 것 같다. 그는 커피를 대량으로 벌컥벌컥 마시고 나서 밤새도록 소설을 써내려갔다. 어떤 날은 하루에 50잔까지 마셨다는 일화가 남아 있다.

그 후 '유럽 민족들의 봄'이라 일컫는 1848년 혁명이 발발하며 비더마이어 시대는 막을 내렸다. 혁명과 함께 커피 소비도 일시적으로 위축되며 1차 커피붐은 종말을 맞았다.

## 새로운 추출기구 붐

1차 커피붐이 일던 시기, 브리야 사바랭과 발자크 같은 커피통에게 사랑받은 추출기구가 있었으니 바로 '드 벨루아의 포트'였다. 이 기구는 1800년경 파리성당 대주교 장 밥티스트 드 벨루아가 고안한 포트로, 현재 페이퍼드립과 융드립으로 보급되어 있는 '드립식'의 원류에 해당한다. 그때까지는 (1) 가루와 물을 불로 끓여 '우려내는 터키식'과 (2) 18세기 프랑스에서 고안되어 가루를 물에 담가 성분을 녹여내는 '침지식' 등 두 가지 추출법이 주류였다. 그런데 제1차 커피붐이 일던 시기의 커피통들이 여러 시험을 해본 결과, 당시에 막 개발된 최신식 드립이 최고의 평가를 받았다. 드 벨루아의 포트와 닮은 기구는 '프렌치드립 포트'라고 불리며, 이후 프랑스에서 이 방식이 주류가 되었다.

이 시대 유럽에서는 여러 추출기구가 발명되어 앞다퉈 특허를 취득했다. 증기압을 이용해 끓인 물을 상하로 움직이는 구조를 최초로 도입한 모카포트의 원형(1819년, 프랑스)과 유리구 두 개를 조합해 만든 모양의 커피 사이폰(1830년대, 독일), 커피프레스(19세기 중반, 독일) 등 지금도 많이 볼 수 있는 추출기구들 대부분이 이 시대에 기원을 두고 있다. 일상의 편리싱과 맛있음을 강조한 새로운 추출기구 개발은 실리성을 중시한 비더마이어 시대였기 때문에 가능한 결과이기도 했다.

# 제2차 커피붐

1830년대에 접어들어 영국발 산업혁명의 파도가 유럽 대륙으로 밀려왔다. 그 결과 도시에서 일하는 공장 노동자가 늘고, 귀족도 중산층도 아닌 노동자 계급이 생겨났다. 이후 이어진 1848년 혁명과 크림전쟁(1853~1856)으로 빈 체제가 붕괴하고 노동자 계급이 대두하면서 커피 음용 대상은 점점 더 확대되었다.

제1차 붐의 중심이던 중산층 시민들이 커피에 '맛있음'을 추구한 것과 달리 엄혹한 노동과 빈곤 속에서 일하는 노동자들은 맛있음은 제쳐둘 수밖에 없었다. 그들 대부분은 저렴하게 구입할 수 있고, 잠을 깨우며, 피로를 풀게 해주는 '강심제'로써 커피를 마셨다. 이것이 습관화되면서 대량 소비로 이어졌다.

커피 소비 확대에 박차를 가한 것은 미국이었다. 미국에서는 1857년 경제공황과 1860년대 전반의 남북전쟁으로 커피 소비가 잠시 정체하기도 했다. 그러나 북군 병사들에게는 전장에서도 커피가 지급되어 잠시나마 평온한 시간을 갖도록 도왔다. 이에 비해 남군은 커피가 부족해 민들레 등으로 만든 대용커피를 마셨다고 한다. 전쟁이 끝나자 고향에 돌아간 병사들이 커피를 계속 구매하면서 유럽처럼 대중 소비로 확대되었고, 머지않아 미국은 세계 최대 소비국으로 발돋움한다.

나아가 1870~1880년대 미국과 독일(1871년에 독일제국 성립)에서는 공업화가 급격하게 진행되며 비약적인 경제발전이 이루어졌다. 공업 노동자가 급증하며 커피 소비는 점점 더 늘었고, 부유층의 생활수준이 높아지면서 커피를 즐길 수 있는 여유도 한층 많아졌다. 이렇게 전에 없던 기세를 몰아 커피 인기가 확대되었다. 1차 붐을 훨씬 웃도는 규모의 제2차 커피붐이 찾아온 것이다.

브라질을 비롯한 생산국은 증산에 열을 올렸고, 그때까지 커피를 재배하지 않던 중남미 다른 나라들도 뛰어들었다. 커피를 둘러싸고 막대한 돈이 움직이는 현상도 뒤따랐다. 이제 커피는 세계 경제와 생산국 정치에까지 영향력을 행사하는 존재로 부상했다.

## 붐을 뒷받침한 기술혁신

이 시대 커피가 대량소비로 이어진 배경에는 커피의 대량 공급을 용이하게 도왔던 몇 가지 기술혁신이 있다.

하나는 미국에서 배전기가 개량돼 대량 배전이 가능해진 것이다. 비약적 진보를 이룬 최초의 결과물은 1846년 보스턴에서 제임스 카터가 개발한 '서랍식' 배전기라고 본다. 그때까지의 배전기는 원통형 금속 드럼 안에 커피콩을 넣은 뒤 그것을 회전하면서 배전하는 것이었다. 배전 작업이 끝나면 두 사람이 함께 들어서 불에서 내려 콩을 꺼내는 것이 일반적이었다. 이에 비해 카터의 배전기는 아궁이 옆에 몇 개의 구멍을 내서 거기에 드럼을 삽입해 배전하고, 작업이 끝난 순서대로 드럼을 꺼내는 방식이었다. 이로 인해 대량 배전 시대의 막이 열렸다.

그 다음으로 비약적 진보를 보인 제품이 '번즈의 배전기'였다.

1864년 뉴욕의 자베스 번즈가 개발한 배전기로, 원통형 드럼 한 쪽에 '배출구'를 만든 게 이 제품만의 특장이었다. '겨우 그것?'이라고 생각할지 모르지만, 그 점이 바로 '콜럼버스의 달걀'이었다. 이 배출구 덕에 드럼을 아궁이에서 꺼내지 않고도 배전한 콩만 꺼낸 다음 다른 생두를 넣어 연속 배전이 가능해진 것이다. 이것이 현재까지 사용하고 있는 드럼식 배전기의 원조가 된다.

이러한 배전기들 덕에 1864년부터 뉴욕의 아베클 사, 보스턴의 체이스&샌본 사 등 배전을 전문으로 하는 대기업이 등장했다. 대규모 배전회사의 등장은 미국 커피업계만의 특징이라고 할 수 있다.

생산국들의 변화도 힘을 보탰다. 1845년 자메이카에서 수세식 정제가 발명되면서 생산 확대를 가속화했다. 그 이전까지는 수확한 열매를 천일건조한 후 열매 속 콩만을 꺼내는 건조 정제가 일반적이었다. 하지만 수확기에 비가 많이 내리는 카리브 해 지역에서는 건조 도중 부패해버리는 일이 부지기수였다. 이런 상황에서 과육을 일정선 제거한 콩을 수조에 하룻밤 담가 물 속 미생물이 남은 과육을 분해하도록 한 후 씻어내는 방식이 고안된 것이다.

대량의 물이 필요했지만 건식으로는 일주일 이상 걸리던 공정이 2~3일로 단축되어 훨씬 더 많은 생두를 처리할 수 있게 되었다. 특히 1850년 영국에서 펄퍼(과육제거기)가 개발된 후에는 물 공급 사정이 나쁜 브라질, 예멘, 에티오피아를 제외한 많은 산지에서 이 방식이 채택돼 생산량 확대로 이어졌다.

그리고 무엇보다 중요한 것이 수송과 유통의 개선이었다. 19세기 후반 세계 각국에서 발달한 철도망은 커피 수송에 절대적인 역할을 했다. 커피는 고지대에서 자라는 작물이다. 때문에 산지와 수출항을 잇는 수송길 개선은 특히 생산국에게 필수요건 중 하나였다. 여기에 더해 포장기술 발달도 유통 혁신의 열쇠가 되었다. 1862년 땅콩용으로 개발되었던 종이봉투가 커피에도 사용되기 시작했다. 또 1876년에는 체이스&샌본 사가 밀폐 캔에 배전원두를 넣어 판매에 나섰다.

이러한 기술혁신으로 커피는 더 많은 소비자에게 안전하게 전해졌다. 가격도 점점 낮아져 일상에서 손쉽게 마실 수 있는 '보급품'으로 자리잡기 시작했다. 이제 커피는 노동자 계급을 비롯해 일반 대중에게까지 깊숙이 파고들었다.


## 사상 최대의 커피 반대 캠페인

19세기 말 미국 사회에서는 라이벌 회사의 제품을 꼬집어 비난함으로써 자사 제품 판매를 촉진하는 '중상모략형 광고'가 난무했다. 커피회사라고 다르지 않았다. 라이벌 사의 커피가 건강에 나쁘다고 폄훼하기 위해 벌레가 기어다니는 더러운 오크통에 담긴 라이벌 회사 커피 옆에서 '우리 아이의 사인을 알게 되었어.'라고 외치는 여성을 그린 전단지를 뿌리는 회사도 있었다.

이처럼 경쟁사 발목잡기가 한창일 때 한 남자가 나타났다. 그의 이름은 C. W. 포스트. '커피와 건강'을 소재로 해서 역사상 가장 많은 돈을 긁어모은 남자다. 여느 건강 프로그램처럼 '커피가 건강에 좋다'고 주장하는 대신 '커피가 건강에 나쁘다'는 설을 퍼뜨려 대박이 난 인물이다.

그는 본래 잘 나가는 비즈니스맨이었다. 그런데 일을 너무 많이 하는 바람에 신경쇠약에 걸렸고, 1890년 켈로그 박사의 요양소에서 치료를 받게 되었다. 우리에게 콘플레이크의 발명가로 알려진 켈로그 박사(현재의 켈로그 사는 그의 동생 집안이 이어가고 있다)는 기독교계 신종교 세븐스데이 어드밴티스트 교회 부속 요양소 의사였다. 고기와 자극적인 음식을 피하고 시리얼과 야채 중심 식사를 하면 만병을 고칠 수 있다고 주장하면서 '건강식의 교주'라고 할 정도로 극단적인 식이요법을 실천했다. 그런 그가 특히 적으로 삼았던 것이 커피였다. 켈로그는 곡물로 만든 '캐러멜 커피'라는 대용음료를 발명해 자신의 환자에게 추천했었다.

포스트는 켈로그 박사 아래서 식이요법을 지속했지만 증상은 개선되지 않았다. 그러자 동생의 권유로 '병을 고치는 것은 의약이 아니라 신앙이다'라고 설파하는 신종교 크리스천 사이언스를 추종하기 시작했다. 켈로그식 식단을 그만둔 것이 그에게는 좋았던 모양이다. 포스트는 빠르게 회복한 뒤 스스로의 체험담을 《I am Well》이라는 책으로 묶어냈고, 이 책이 히트하자 직접 요양소를 세워 독자적인 치료를 시작했다.

1895년에 그는 사업 궤도를 바꿔 포스텀 시리얼 사를 설립했다. 그리고 켈로그 박사의 요양소에서 훔쳐보았던 제조법을 응용해 대용커피 '포스텀'을 발매했다. 자사 제품을 판매하기 위해 그가 택한 방식은 네거티브 캠페인이었다. '커피와 카페인은 신경증의 원인'이라는 그의 격렬한 선전이 제대로 먹혀들어 사회현상으로까지 번졌다. 포스텀은 날개 돋친 듯 팔려나갔고 그는 억만장자가 되었다.

하지만 그가 주장한 '커피와 카페인 해악설'은 아무런 의학적 근거도 없었다. 그럼에도 불구하고 한번 확산된 커피 해악설은 이후 오랫동안 유럽과 미국 사회에서 상식처럼 통했다. 최근에야 역학조사 덕분에 겨우 '악마의 주문'에서 풀려났지만 말이다.

이렇게 성공한 포스트에게 아이러니하게도 1914년 신경증이 재발했다. 병원에 입원한 그는 실의에 빠져 자살을 택했다.

그의 사업은 사위가 이어받았다. 이 회사는 1928년 미국에서 가장 큰 커피회사를 매수해 자신들이 그렇게도 폄훼하던 커피 사업에 침투했다. 이듬해에는 제너럴푸드로 개명하고 그 후 크래프트 사 등과 합병 및 매수를 반복해 현재 세계 3위 식품회사인 몬델레즈로 이어지고 있다. 일본의 커피회사인 아지노모토AGF(제너럴푸드)도 합병을 통해 만들어진 자회사들 중 하나다. 지금 그곳에서 특정 보건용 식품으로 인정된 커피를 판매하고 있으니 기업의 변신은 신비롭기 그지없다는 생각마저 든다.

# 7장

# 19세기 생산 사정의 이모저모

항구 쇠퇴와 브랜드 존속: 모카 • 프랑스 커피 식민지의 쇠
퇴: 아이티와 레위니옹 • 나폴레옹이 만들어낸 최대 생산
국: 브라질 • 고품질 지향의 커피 신진국: 코스타리카 • 블
루마운틴의 기원 • 하와이 코나, 동아프라카 킬리만자로 •
녹병 판데믹 충격: 인도와 스리랑카 • 녹병과의 전쟁: 인도
네시아 • 로부스타의 발견

나폴레옹 등장 및 1, 2차 커피붐을 겪으며 커피의 위상이 변모를 거듭하던 19세기. 소비국들뿐 아니라 커피 생산국들도 일대 전환기를 맞이했다. 이 시기, 각각의 산지가 맞닥뜨린 운명을 살펴보기로 한다.


## 항구 쇠퇴와 브랜드 존속: 모카

오래 전부터 커피 수출을 독점하던 예멘의 모카 항은 18세기 이후 자바와 아이티 등 신흥 산지에 점점 밀려났다. 당시 동인도산 커피는 모카, 레위니옹 섬, 인도네시아 순서로 가격이 매겨졌고, 전통 있는 모카커피는 최고급품으로 취급되고 있었다.

그러나 19세기로 들어서면서 예멘은 잦은 외침에 시달렸다. 1832년 이집트(무함마드 알리 왕조)의 반란군들이 들어와 모카와 그 북쪽에 위치한 항구도시 호데이다를 점거했다. 예멘의 라시드 왕조는 그들을 진압하는 데 실패했고 이집트에서 정규군이 파병된 후에야 겨우 제압할 수 있었다. 그런데 이번에는 이들 이집트 정규군이 그대로 모카와 호데이다를 점거한 뒤 커피 교역을 독점하려 들었다.

1839년이 되자 영국이 아덴을 포함한 남예멘을 식민지화하고 아덴 항을 근대화해 커피 교역의 거점으로 만든다. 그러자 1849년 오스만 제국이 이집트 군과 라시드 왕조를 제압하고 모카와 호데이다를 포함한 북예멘을 점령했다. 이로 인해 예멘은 영국령과 오스만령으로 분단되었고, 이 체제가 1990년 남북이 통일하기 전까지 이어졌다.

이렇게 해서 19세기 전반 예멘의 커피는 모카뿐만 아니라 호데이다와 아덴에서도 수출되었다. 단, 어느 항구에서 출하되더라도 거래할 때는 '모카'라고 불렸다. 어느 항구에서 출항하든 내용물이 같다는 점 외에, 모카라는 이름을 붙일 경우 더 비싼 값에 거래되기 때문이었다. 이때부터 모카는 단순히 수출 항구의 이름이 아니라 하나의 상표로 자리잡았다.

이런 상황에서 모카 항에는 조류로 밀려온 모래가 쌓이면서 항구로 기능하기가 어려워졌다. 따라서 오스만령 호데이다와 영국령 아덴이 커피 수출항이 되어 '모카'라는 브랜드를 이어받았다. 현재 모카에는 번영하던 시대의 활기는 자취를 감춘 채 폐허만이 남아 있다.


## 프랑스 커피 식민지의 쇠퇴 : 아이티와 레위니옹

18세기 후반 미국 독립과 프랑스혁명이 이어지면서 당시 유럽의 식민 지배를 받던 중남미 국가들에도 독립의 기운이 높아지고 있었다. 그 최전선이 되었던 나라가 당시 프랑스령으로 최대 커피 산지

이던 아이티였다. 1791년, 자유를 요구하며 혁명을 일으킨 아이티의 흑인노예가 노예제 부활을 목표로 파병된 나폴레옹 원정군과 싸워 승리를 거두었다. 그리하여 1804년에는 세계 최초 흑인노예 혁명정권이 아이티에 들어섰다.

그러나 노예제로 유지되던 커피 산업은 이 혁명으로 인해 철저한 파탄을 맞았다. 게다가 독립 승인에 대한 보답으로 프랑스에 지불해야 할 배상금으로 인해 아이티 정부는 곤궁에 빠졌고, 이후 다시는 커피 대국으로 돌아가지 못했다.

아이티 쇠퇴 후, 프랑스령 커피 생산을 지탱한 것은 서인도제도의 마르티니크와 과들루프, 동인도제도의 레위니옹 섬이었다. 하지만 어느 쪽도 재배 규모가 그리 크지 않아서 아이티의 뒤를 잇기에는 역부족이었다. 또한 레위니옹 섬은 19세기에 여러 차례 회오리 바람의 피해를 입으면서 생산이 축소되었다. 그리하여 다른 산지가 대두하기 시작한 19세기 후반과 20세기 초반을 거치는 동안 수출 물량 자체가 나오지 않을 정도로 쇠퇴하고 말았다.


## 나폴레옹이 만들어낸 최대 생산국 : 브라질

1806년 나폴레옹이 단행한 대륙봉쇄령에 따르지 않았던 유일한 나라가 포르투갈이었다. 이에 분노한 나폴레옹은 포르투갈을 침공했고, 1808년 포르투갈 왕족은 영국 함대의 호위를 받으며 식민지인 브라질 리우데자네이루로 망명했다. 이렇게 해서 포르투갈의 임시 수도가 된 리우데자네이루의 산업과 인프라는 급격하게 발전했고, 리우에서 120킬로미터쯤 떨어진 파라이바 강 협곡 마을 바소라스를 중심으로 커피 재배가 활발하게 이루어졌다.

브라질에서는 16세기부터 포르투갈 사람들이 아프리카 노예를 이용해 설탕 플랜테이션을 운영하며 거액의 수익을 얻고 있었다. 이 지역에서도 원래는 하안단구河岸段丘의 비옥한 토양을 이용한 사탕수수 재배가 활발했다. 그러나 대륙봉쇄 시기 유럽에서 사탕무 설탕이 실용화되면서 사탕수수 가격이 하락했다. 그러자 이미 갖춰진 설탕 생산 시스템을 커피로 전환했다.

노예의 노동력과 비옥하고 광대한 아마존 토지를 무기 삼아 브라질은 대농원 방식으로 커피 대량생산에 들어갔고, 금세 아이티를 압도하는 최대 산지로 올라섰다. 그리고 1822년, 포르투갈로부터 독립해 브라질 제국이 들어선 이후부터 제1차 커피붐을 견인했다.

브라질 커피는 아이티나 자바 같은 식민지 재배도 아니거니와 19세기 후반의 모카처럼 교역 항을 독점한 것도 아니었다. 따라서 각국이 자유롭게 수입을 할 수 있었고, 이 점이 점유율 확대에 유리하게 작용했다.

특히 미국에서는 동인도보다 수송비가 적게 들어 저렴한 브라질 커피가 인기를 끌었다. 유럽에서도 1830년에 독일 함부르크가 브라질 커피를 수입하기 시작했다. 함부르크는 제2차 커피붐이 일어날 무렵 암스테르담과 런던을 넘어서는 유럽 최대 커피 수입항으로서 번영을 구가했다.

19세기 중반, 브라질 생산 상황에 변화가 일기 시작했다. 대농원주가 지배하는 리우를 떠나 상파울루를 신천지로서 개척하려는 사람들이 나타난 것이다. 당시 농원에서 표토 유출이 문제가 되던 리우에 비해 상파울루에는 '테라로사'라고 불리는 적자색 비옥한 토양이 펼쳐져 있어서 소위 '약탈농업' 방식으로 아마존 정글을 개척하면 얼마든지 농원을 만들 수 있었다. 이 무렵엔 국제적으로 노예 매매가 금지되었지만 상파울루에서는 한 발 앞서 많은 이민을 받아들인 상태였으므로 노동력이 넘쳐났다. 일본에서도 20세기 전반 18만 명 이상이 이민을 떠날 정도였다.

새로운 방식으로 적극적인 정책을 폈던 상파울루 농원 주인들은 1858년, 리우로 가져왔던 레위니옹 섬의 품종 부르봉을 도입해 땅에 심었다. 이 품종이 그곳 토지와 기후에 너무 잘 맞아떨어져 상파울루의 커피 생산량은 순식간에 증가했다. 그리고 맞이한 1870년대의 제2차 커피붐 덕에 그들은 엄청난 수익을 거두었다.

리우와 상파울루. 두 곳의 명암이 확실하게 갈린 시기는 1888년, 2대 황제 페드로 2세가 노예해방령을 내린 때였다. 여전히 노예 노동자에 의존해 뾰족한 대책을 마련하지 못한 리우에서는 노예해방령이 내려지자마자 문자 그대로 '하룻밤 사이에' 노예들이 교회로 도망을 가버렸다. 농원은 붉게 물든 열매들로 넘쳐나는데, 이를 수확할 노동력이 없었다. 커피열매는 나무에 매달린 채 썩어나갔고 리우의 커피 재배는 붕괴했다. 반면 상파울루는 브라질 커피 생산을 주도하며 승승장구했다.

한편 노예제 폐지로 브라질 제국은 힘을 잃었고, 1889년 쿠데타

# 녹색 황금

브라질에서는 예로부터 커피를 '오루 베르데ouro verde'라고 불렀다. 포루투갈어로 '녹색의 황금'이라는 뜻이다. 포루투갈 식민지가 된 브라질에서는 당초 사탕수수 재배가 주요 산업이었다. 그러다 17세기 말 남동부 미나스제라이스에서 금광이 발견되면서 골드러시가 뜨겁게 일어났고, 18세기에는 미나스제라이스의 오루 프레투(검은 황금) 지역에서 채굴된 금이 리우데자네이루에서 수출되었다. 그후 1808~1821년에 리우가 포르투갈-브라질 연합왕국의 수도가 되면서 풀미넨세(바소라스 근교) 지구에서 커피 재배가 성행했다.

대농원(파젠다) 한쪽에 정연하게 줄지어 자라는 녹색 커피나무들과 연녹색 생두가 이미 채굴의 한계를 맞고 있던 금을 대신해 '오루 베르데'라고 불리며 농원주(파젠디로)들에게 막대한 부를 가져다주었다. 현재 이 주변 일대는 '벨리 드 카페(커피 협곡)'라는 이름으로 역사적 관광지가 되었다.

19세기 전반 리우 근교에서 재배된 커피나무는 현지에서 '코뮌' '내셔널'이라고 불리던 티피카 계통 품종으로 새싹은 브론즈색이다. 반짝반짝 광이 나게 연마한 10엔짜리 동전을 연상시키는 색감과 광택이 매우 금속적이어서 '녹색 황금'이라는 이미지와 연결되었는지도 모르겠다. 그 후 노예제 폐지와 함께 생산 중심은 이민정책을 펼친 상파울루로 옮겨갔다. 게다가 리우보다 위도가 높고 최저기온이 낮은 상파울루의 기후에는 고위도인 레위니옹에서 가져온 부르봉 품종이 매우 잘 맞았다. 때문에 새싹의 색이 녹색이 되는 품종이 주류로 자리잡았고, 커피는 브라질 최대의 산업으로서 국가 경제를 지탱하게 되었다.

로 연방공화제 국가인 브라질합중국이 들어섰다. 새로운 체제 아래서 상파울루 주정부는 커피로 모은 경제력을 발판 삼아 강한 정치적 발언권을 행사하며 자신들에게 유리한 정책을 추진했다. 나아가 목축산업으로 경제성장을 이룬 미나스제라이스와 교대로 대통령을 옹립하는 과두지배 체제, 일명 '카페 콤 레테 정치(밀크커피 정치)'라 불리는 이상한 통치체제를 확립했다.

## 고품질 지향의 커피 신진국 : 코스타리카

브라질 이외 중남미 산지에도 눈을 돌려보자. 19세기 초반 브라질과 함께 중남미 커피 생산을 이끈 나라는 코스타리카였다. 콜롬비아 등에 비해 지명도가 낮고 생소할 수 있지만, 스페셜티커피에는 아직도 코스타리카산이 종종 등장한다. 19세기부터 품질을 중시해 고급을 지향해온 코스타리카는 어떤 의미에서는 스페셜티를 추구하는 나라라고 해도 좋을 듯하다.

중남미 국가들은 나폴레옹 침공으로 약화되던 스페인의 식민 지배력을 기회 삼아 19세기 전반에 독립을 도모한 후 1830~1840년대에 여러 국가로 분열해 단생했다. 코스타리카의 커피 재배는 18세기부터 이뤄졌지만 본격적으로 추진한 것은 독립 이후다. 중남미 독립국가들 대부분은 식민지 시대의 산업을 통해 경제 진흥을 꾀했다. 다만 경계 규모가 작았던 코스타리카는 주변 국가들과의 산업 경쟁에서 이길 수 없다고 판단, 중남미에서 본격화하지 않았던 커피 재배를 추진하기로 했다.

커피 생산국으로 입지를 굳히고 싶었던 당시 코스타리카에게 최대 라이벌은 브라질이었다. 하지만 국토가 좁은 탓에 브라질 같은 대농원을 만들 수 없었다. 이민자들도 조건이 더 좋은 국가로 흘러갔기 때문에, 이곳에서는 소지주와 가족노동에 의지하는 영세농원이 주류를 이루었다.

저렴한 브라질 커피와 맞대결하며 미국 시장에 진출하는 게 불가능하다고 판단한 코스타리카는 주로 영국을 경유해 유럽으로 수출되는 고품질 커피를 생산했다. 이를 통해 박리다매식 브라질 커피와는 대조적인 이미지를 구축하는 데 성공한 코스타리카는 좁은 토지를 효율적으로 활용할 수 있는 품종과 재배법 개량에 힘을 쏟았다. 그리고 19세기 중반 개발된 수세식 정제법을 채용해 중남미에서 손꼽는 커피 생산국으로 성장했다.


## 블루마운틴의 기원

스페인으로부터 독립한 중남미 다른 국가들은 브라질과 코스타리카의 성공을 보며 너도나도 커피 생산에 발을 들이기 시작했다. 그리하여 19세기 중반에는 베네수엘라와 콜롬비아가, 제2차 커피붐이 일던 시기에는 과테말라와 엘살바도르, 니카라과 등도 가세하면서 가격이 폭락했다. 하지만 바로 이 가격 폭락이 커피붐을 더욱더 가속화시켰다.

이와 때를 같이해 이탈리아와 독일, 일본 등에서 신천지를 꿈꾸는 이민자들이 중남미로 건너가 커피 생산을 지탱하는 노동력이 되었다.

특히 독일계 이민자들이 농원주와 수출업자로 성장해 고품질 커피콩을 본국으로 우선적으로 보내면서 당시 최고의 커피가 독일로 모였던 것이다.

한편 카리브 해의 국가들은 최초의 독립을 이룬 아이티(및 아이티에 점령되었던 도미니카)를 제외하면 19세기 후반까지 줄곧 유럽의 식민 지배 하에 머물렀다. 그리고 이 점이 커피 생산을 안정시켜 19세기 중반 개발된 수세식 정제법과 함께 순조로운 커피 생산을 가능케 했다.

그 중에서도 스페인령 쿠바는 아이티 독립 당시 도망쳐 이주했던 사람들에 의해 생산이 확대되었고 수출이 편한 미국의 커피 수요가 증가하면서 1843년에는 브라질, 인도네시아 다음으로 큰 생산국으로 성장했다. 그러나 1868년 이후 쿠바독립전쟁이 발발하면서 수출량이 급감해, 제2차 커피붐이 일었을 때에는 다른 국가들보다 뒤처지고 말았다.

쿠바와 함께 스페인령에 속했던 푸에르토리코 역시 생산량 자체는 직었지만, 그곳에서 기피는 주요산업 중 하나였다. 그런가 하면 영국령 자메이카는 18세기 후반 이후 각광받은 '블루마운틴'의 원조 커피를 재배하면서 존재감을 드러냈다. 이 커피가 제2차 커피붐 당시 최고급 커피로 분류되면서 런던 시장에서 모카 다음으로 높은 가격에 거래되었다.

## 하와이 코나, 동아프리카 킬리만자로

라틴아메리카 국가들 외에 이 시기 커피 재배를 시작한 지역으로 하와이와 동아프리카(탄자니아, 케냐)가 있다.

하와이 최초의 커피는 1825년 브라질 리우에서 오아후 섬에 전해졌다고 한다. 하지만 초기 재배는 쉽지 않아서, 여러 차례 과테말라에서 티피카 묘목을 가져왔다는 기록이 남아 있다.

1840년경이 되자 하와이 코나 지구에서 본격적인 재배가 이루어졌다. 이 무렵 생산량은 불안정했으나 품질이 좋다고 알려지면서 마크 트웨인도 1866년 《하와이로부터의 편지》에서 하와이 코나 커피 품질을 절찬했을 정도다.

매우 눈에 띄는 품질까지는 아니지만 기분 좋은 연한 쓴맛과 부드러운 산미에 달콤한 향이 섞여 밸런스가 좋은(과테말라와 블루마운틴 등 전통적인 티피카 계의) 양질의 커피라고 할 수 있다. 특히 미국인들에게는 '국산품'이기도 해서, 여전히 든든한 팬이 존재한다.

그러나 1880년대 사탕수수 증산과 19세기 말 가격 폭락으로 코나는 길고긴 쇠퇴의 길로 접어들었다. 하와이 코나커피가 부활한 것은 1950년대 이후였다. 지금도 수확량은 적고 인건비가 높은 탓에 블루마운틴에 버금가는 고급 브랜드로서만 존재한다.

한편 동아프리카에 커피가 도입된 것은 1878년. 성령수도회 소속 프랑스인 선교사 오르네 신부가 레위니옹 섬에서 탄자니아로 부르봉을 가져간 게 처음이다. 1880년에는 성령수도회 파우 신부가 아덴에서 사온 커피를 '모카'라는 이름으로 재배하기 시작했다. 현재 동아프리카 고품질 품종으로 알려진 '프렌치미션(프랑스인 선교단) 부르봉'은 이때 부르봉과 모카가 자연교배해 탄생했다고 한다.

1885년 베를린 회의에 의해 아프리카가 분할되면서 영국과 독일은 현재의 케냐와 탄자니아를 각각 분할 통치하기로 했고, 이와 함께 커피 재배가 본격화했다.

또 탄자니아와 케냐 경계에 있는 킬리만자로 산 남쪽 산기슭 모시 지방에서 20세기부터 커피가 재배되기 시작하는데, 이것이 '킬리만자로 커피'의 루트이다. 일본에서는 1953년에 공개돼 히트한 헤밍웨이 원작 영화 〈킬리만자로의 눈〉을 계기로 킬리만자로 커피까지 덩달아 인기를 끌었다. 킬리만자로 커피 애호가 중에는 정작 그 수출국이 탄자니아라는 사실을 모르는 이도 적잖다.

미국 유럽 등지에서는 같은 동아프리카라도 케냐 쪽이 훨씬 더 유명하다. 잘 익은 과일 산미를 지니는 케냐 고지대산 양품은 강배전할 경우 카시스를 연상시키는 베리 풍미가 짙게 나타난다고 전문가들은 말한다.

## 녹병 판데믹 충격: 인도와 스리랑카

아시아의 상황도 살펴보자. 널리 알려지지 않았지만 19세기 전반 인도와 스리랑카에서도 커피 재배가 성황을 이루었다. 그 배후에는 영국이 있었다. 당시 영국은 이미 '홍차의 나라'였지만, 커피를 완전히 포기했던 것은 아니다. 앞서 말한 아덴 점령과 코스타리카 커피 수입, 자메이카 커피 재배도 같은 맥락이다.

18세기 말, 남인도 마이솔 지방과 스리랑카를 식민지화한 영국은 그곳에서도 커피 재배를 시작했다. 이 노력은 19세기 중반에 결실을 맺었다. 특히 펄퍼를 이용한 수세식 정제를 채택했던 스리랑카의 경우, 1868년 앙리 베르테르가 쓴 《커피 역사에 관한 에세이》에서도 고품질 커피로서 장래가 유망하다고 기록되었을 정도다.

그러나 불행하게도 이 책이 출판된 직후 스리랑카에 최대의 위협이 닥쳤다. 당시에는 알려지지 않았던 신종 병해인 '커피 녹병'이 만연한 것이다. 균이 옮으면 잎 뒷면에 '붉은 녹'처럼 반점이 생긴다 해서 붙여진 이름이다. 붉은 녹은 삽시간에 퍼져 나무를 말라죽이고 나무에서 나무로, 밭과 밭을 거쳐 인근 지역으로 번졌다. 그렇게 몇 년 사이 스리랑카 전 지역으로 확산되더니 이듬해에는 인도로 옮아갔다. 인도에서는 스리랑카에서보다 녹병이 맹위를 떨쳐서 인도 전역의 커피나무가 단시간에 괴멸적인 피해를 입었다.

1880년 스리랑카에 초빙된 영국 식물병리학자 마셜 워드는 이 병이 '커피 녹병균'이라는 신종 곰팡이에 의한 전염병임을 밝혀냈다. 그리고 커피만 재배하는 것보다 다른 작물과 혼식하면 녹병 만연을 방지할 수 있다고 조언했다.

그러나 대다수 농원주들은 워드의 조언을 귀담아듣지 않았다. 대신 다른 학자의 주장, 즉 '유전병의 일종으로, 새로운 나무를 심으면 괜찮다'면서 자신들에게 편리한 진단을 해주는 사람의 말을 추종했다. 농장주들의 이해를 얻지 못한 워드는 영국으로 돌아갔고, 녹병을 끝내 잡지 못한 스리랑카는 커피 재배를 단념할 수밖에 없었다. 그 후 1890년 폐허가 된 커피농원을 방문한 토머스 립톤이 자사에서 판매하는 홍차를 그곳 농원에 재배해보기로 했다. 그리하여 스리랑카가 홍차 산지로서 유명해지는 계기가 마련됐다.


## 녹병과의 전쟁 : 인도네시아

생산량으로는 서인도에 뒤졌지만 18세기 중반 인도네시아에서 커피는 여전히 중요한 재배 작물이었다. 18세기 말에 네덜란드 동인도회사가 해산한 후 네덜란드 정부는 자바 섬과 수마트라 섬 대농원을 직접 운영했다. 19세기 중반에는 수세식 정제가 채택되어 '블루 자바' 혹은 '관제 자바'라고 불리는 독특한 청록색 생두가 고품질 커피로 인기를 얻었다. 또 이 시기 수마트라 북서부 만델린 지구와 앙코라 지구의 관영농원에서 만들어진 커피가 그 유명한 '만델린'의 시작이 되었다.

그러나 인도네시아 커피는 악명 높은 '강제재배 제도' 아래 저임금으로 혹사당하는 식민지 주민들에 의해 유지되었다. 식민지 관사였던 에드워드 다우에스 데커Eduard Douwes Dekker가 1860년 '물타툴리'라는 필명으로 발표한 소설 《막스 하벨라르》는 현지의 참상을 적나라하게 고발했고, 이를 통해 네덜란드 본국에서 강제재배에 대한 반대 여론이 높아졌다. 그 결과 19세기 후반 들어 강제재배 제도가 순차적으로 폐지되면서 관영 대농원에서 중소농가로 재배환경이 바뀌었다. 현재 '공정무역 커피'를 인증하는 막스 하벨라르 재단(1988년 설립) 명칭은 이 소설 제목에서 따온 것이다.

이러한 사회적 움직임 속에서 인도네시아 커피 생산에 최대 위기가 닥쳤다. 커피 녹병이 돈 것이다. 스리랑카와 인도의 커피를 괴멸시킨 최악의 역병이 1888년 인도네시아에서도 발병했다. 순식간에 확산되는 녹병을 이겨내고자 사람들은 갖은 방법을 모색했다. 인도네시아에서는 관영농원 시대에 생산성 향상을 목표로 여러 가지 커피 품종을 시험 재배하고 있었다. 그리고 바로 그들 중에서 녹병에 강한 나무가 발견됐다. 이때 주목받은 것이 3대 원종 중 하나인 리베리카이다. 그러나 리베리카의 내병성은 기대에 못 미쳤고, 이후 출현한 신형 녹병 앞에서는 속수무책이었다. 사람들은 보다 우수한 내병 품종을 찾아 부지런히 탐색했다.


## 로부스타의 발견

19세기 말, 벨기에 장불농업연구소(현 장불농업대학) 교수 에밀 롤랑은 중앙아프리카의 콩고 식물을 연구하고 있었다. 당시 아프리카는 미지의 식물자원 보고였고, 약의 원료와 작물이 되는 유용한 식물을 앞다투어 탐색하던 시대였다. 롤랑은 벨기에 농예회사를 스폰서로 삼아 자금 원조를 받는 대신, 발견한 식물을 제공하는 계약으로 콩고 현지조사에 참여했다.

1895년 두 번째 조사여행을 떠난 그는 콩고 오지에서 지금껏 본 적 없는 커피나무속 식물을 발견했다. 그는 그 식물을 채집해 벨기에로 가져왔고 자신의 제자인 에밀 드 윌데망과 원예회사에 각각 전달했다.

이것이 신종이라고 본 윌데망은 1898년, '롤랑의 커피나무'라는 뜻으로 '로렌티이종'이라는 이름을 붙인다. 한편 원예회사는 루시앙 링덴이라는 식물학자에게 검증을 의뢰했다. 그 역시 지금까지 없었던 신종이라고 판단하고 '로부스타종'이라는 이름을 붙였다. 이 원예회사는 1901년 녹병이 만연한 인도네시아에 묘목을 보내 재배 시험을 의뢰했다.

결과는 놀라웠다. 이 나무가 바로 그토록 찾던 녹병에 완전 내성을 지닌 신종이었던 것이다! 게다가 저지대에서도 재배가 가능하며 많은 열매가 맺히기 때문에 기존 아라비카종보다 수확량에서 월등했다.

이 신종은 지금 로부스타라는 이름으로 널리 알려져 있다. 학명에는 '빨리 이름을 붙인 사람이 이기는' 룰이 있다. 원예회사가 인도네시아로 가져온 나무에는 '로부스타'라는 이름이 붙어 있었고, '튼튼함'을 의미하는 '로버스트robust'에서 지어진 학명이 이 나무의 이미지와 딱 맞아떨어졌다. 인도네시아에서는 이 신종이 로부스타라는 이름으로 알려져 기정사실화되었다.

그 후 실은 이 로부스타가 신종이 아니라 1897년 이미 가봉에서 발견돼 '카네포라종'이라고 이름 붙여진 식물 표본과 동종이라는 사실이 판명되었고, '빠른 사람이 이기는' 룰에 따라 카네포라가 정식 학명이 되었다. 더욱 더 안타깝게도 롤랑은 세 번째 콩고 현지조사를 떠났던 1904년, 그곳에서 객사하고 말았다. 이로써 커피사에 큰 공을 세웠던 그의 이름은 커피나무의 역사에서 완전히 지워졌다.

# 씨 없는 커피 만들기?

그런데 로부스타의 어원이 된 '로버스트'에는 '튼튼하다'는 뜻 외에 다른 의미가 있었다. '야생적인, 거친'이라는 뜻 말이다.

녹병으로 고생하던 인도네시아에서 구세주처럼 떠오른 로부스타종은 그 이름처럼 결점을 안고 있었다. 아라비카에 비해 쓴맛과 탄내가 강해서 섬세한 산미와 은은한 향이 거의 느껴지지 않는 '거친' 향미였던 것이다.

따라서 인도네시아는 튼튼하지만 거친 맛의 로부스타와 약하지만 맛이 좋은 아라비카종을 교배해 둘의 장점을 지닌 품종을 만들기 위한 육종에 힘썼다. 계획은 실패로 끝났다. 교배로 만들어진 나무에서 커피 열매가 거의 열리지 않았던 것이다. 연구결과 염색체 수가 서로 다르기 때문이었다.

염색체는 (여기서부터는 중학교 과학 또는 고등학교 생물에 나오는 이야기이지만) DNA를 담고 있는 세포핵 내부의 구조체이다. 1개의 핵 안에 있는 염색체 수는 생물에 따라 다르지만 통상 2개가 한 쌍이 되어 2배체(2n)를 이룬다.

커피나무속의 염색체 수는 통상 22개인데 반해 아라비카종만 특이하게 44개인 '변종'이었다. 로부스타종과 유게니오이디스종이 교배하여 아라비카종이 생겨날 때 우연히 '배수화' 현상이 일어나면서 염색체 수가 본래의 두 배가 된 것으로 보인다.

생물이 자손을 남길 때에는 감수분열에 의해 염색체가 반수가 된다. 부모의 양쪽 유전자 정보를 절반씩 물려받는 것이다. 그러나 아라비카종과 다른 커피나무 사이에서 태어난 나무의 염색체수는 33개가 되어, 정확한 감수분열이 불가능하다. 수분되더라도 종자가 생기지 않는 것이다.

'씨 없는 수박'이 바로 이런 원리를 이용한 것이다. 씨 없는 수박은 암술을 약으로 처리하여 인공적으로 배수화한 뒤 그곳에 통상 화분을 수분시켜 만들어진다. 수박의 경우 종자가 없어지면 확실히 먹기 편하다. 그러나 커피콩, 즉 종자 자체가 중요한 커피는 그래서는 안 된다. '씨 없는 커피'는 아무런 의미가 없으니까.

교배 육종에 실패한 인도네시아는 로부스타 재배로 갈아탔다. 그러나 1912년 뉴욕 커피거래소에서 세 명의 조사위원이 로부스타종을 '실용적 가치 없음'이라고 판단하면서 거래대상 외 품종으로 분류됐다. 이렇게 해서 전통을 자랑하던 인도네시아 커피 평판이 바닥으로 내팽개쳐졌다.

그러나 훗날 미국의 한 커피전문가가 '로부스타 같은 커피도 여러 번 마시다 보면 맛에 길들여지는 법'이라고 말한 것처럼, 사람들은 서서히 그 맛에 익숙해져갔다. 적어도 스리랑카와 달리 인도네시아 생산자들은 '커피 재배 존속'이라는 마지막 노선을 사수함으로서 결국 성공할 수 있었다.

# 8장

# 황금시대의 종료

커피를 독점한 남자 • 제1차 세계대전에 의한 대폭락 • 미
국의 일대 판촉 캠페인 • 두 번째 대폭락 • 2차 대전 때 병
사에게 지급된 커피 • 커피브레이크 탄생 • 국제커피협정 탄
생 • 떠돌이 커피 • 제2차 녹병 판데믹 • 퍼스트 웨이브?

20세기 초 녹병으로 고생했던 인도네시아와는 달리 순조롭게 달려가던 중남미 국가들에게는 녹병보다 무서운 난적이 다가오고 있었다. 그 정체는 바로 '시장경제'였다. 커피 보급에 없어서는 안 되지만, 빈틈을 보이면 가차 없이 맹공을 가하는 괴물이었다. 이때부터 '두 커피 대국' 즉 생산 대국인 브라질과 소비 대국인 미국 간 커피 가격을 둘러싼 주도권 전쟁이 지열해졌다. 1960년경까지의 흐름을 살펴보겠다.

## 커피를 독점한 남자

제2차 커피붐 이후 생산자들은 무계획적인 증산을 계속했고, 그 대가를 혹독하게 치러야 할 시기가 찾아왔다. 1896년을 기점으로 커피 공급량이 수요를 웃돌아 '만들기만 하면 팔리던' 황금시대가 종지부를 찍었다.

점점 더 아래로만 곤두박질치는 커피 가격에 소비자는 환영했지만 생산국과 선물거래 브로커들에게는 사활이 걸린 문제였다. 그러던 1899년, 브라질에서 페스트가 유행하며 커피 입하가 정지되었다. 뉴욕 브로커들에게 현지의 불행은 안중에 없었다. 그들은 이 일이 커피 '가격 하락을 멈춰줄 호재'라고만 생각해 축배를 들며 '매입'에 달려들었다. 일명 '페스트 붐'이라고 알려진 에피소드다.

커피 값 폭락 위기는 이후에도 계속되었다. 그러자 세계 커피의 80%를 생산하는 브라질의 상파울루 주정부가 시장 개입에 나섰다. 1906년 시작된 가격 유지정책 '발로리제이션valorization'이 바로 그것이다. 이 정책은 정부가 커피 생두를 매입해 생산자를 보호하는 것으로, 시장에 유통되는 커피 양을 조절해 가격 붕괴를 방지한다.

그러나 독일 은행으로부터 받은 100만 파운드(현재 약 1600억 원)의 융자도 대량으로 쏟아지는 생두 앞에서 금세 바닥을 드러냈다. 상환 계획도 세우지 못한 채 상파울루 주정부가 추가 원조를 요청했지만 독일 은행은 거절했다. 더 이상 기댈 곳이 없었던 생산자들이 마지막으로 달려간 대상은 바로 허먼 질켄이었다. 이후 세계 커피 거래를 쥐고 흔들며 '미국 최후의 커피 왕'이라 불린 인물이다.

질켄은 1847년, 독일 함부르크의 작은 빵집에서 태어났다. 스물한 살에 코스타리카로 이민 간 후 다시 미국으로 건너가 여러 가지 일을 전전하다 어학 실력을 살려 뉴욕 W.H.크로스맨 형제상회(이후 크로스맨 질켄 사)에 취직했다. 그때부터 그는 남미를 돌아다니며 많은 대형 거래를 성공시켜 이듬해에 공동경영자 자리에 취임했다. '인간발전기'라고 불릴 만한 활약으로 회사를 키우지만 동업자들의 불행을 틈타 가차 없이 끌어모으는 방식으로도 유명했다. 그래서 사람들은 종종 그를 독일 철혈재상 비스마르크에 비유했다.

예를 들면 19세기 말 최대 배전업자였던 존 아버클이 설탕무역의 제왕 H. G. 헤브마이어와 진흙탕 싸움을 벌일 때, 그는 헤브마

이어에게 고문료를 받으며 오하이오의 커피회사 윌슨&스파이스 사를 매수하도록 했다. 그러고는 다툼 끝에 가치가 떨어진 그 회사를 싼값에 인수하는 등 어부지리를 노리는 계략을 이어갔다. 이후 그는 '커피업계에서 가장 무섭고 가장 싫은 남자'로 불리게 되었다.

미국 최후의 커피 왕이라 불린 허먼 질켄

상파울루 커피 생산자들의 상담을 받은 질켄은 커피회사를 몇 개를 모으고 영, 독, 미 은행들과 결탁해 신디케이트를 만든 뒤 총 1,800만 파운드에 이르는 거액의 융자를 이끌어낸다. 그리고 상파울루 주정부와 공동출자하는 형태로 대량의 브라질산 생두를 저렴한 가격에 매점매석했다. 그 생두는 모두(상파울루 주정부 몫의 생두조차 융자의 담보 명목으로) 뉴욕과 함부르크의 거대창고에 보관되었다. 관리 및 판매권이 신디케이트에게 있었기 때문에 사실상 그들의 독점이었던 셈이다.

대량의 생두를 손에 넣은 그가 유통량을 조작하기 시작했다. 파운드당 5센트였던 커피 소비자가격이 금세 14센트까지 치솟이 그는 막대한 이익을 얻었다. 한편 소비자들의 불만은 높아졌다. 실상 가장 많은 돈을 번 것은 질켄이지만 미국인들 사이에서는 '악랄한 브라질 사람들이 우리가 마시는 커피 가격을 부당하게 올렸다'는 소문이 넘쳐났다. 이때 생겨난 반브라질 정서가 미국 사람들의 커피관 속에 강하게 침투했다.

이렇게 해서 '커피 왕'으로 불리게 된 질켄이지만 정작 본인은 '역사상 몰락하지 않은 왕은 존재하지 않는다'고 말하며 그 호칭을 질색했다고 한다. 그래서였을까? 그는 70년 생애를 살며 (철강업과 철도업계의 '왕'들과 교류하면서) 한 번도 사업상 실패를 겪지 않았다. 그리고 1914년 연중행사로 독일 별장에서 체류하던 중 제1차 세계대전이 발발했다. 전쟁으로 인해 미국으로 가는 길은 막혔고 질켄은 귀국하지 못한 채 1917년 생애를 마쳤다.

재미있게도 그해 미국은 연합국 측에 참전할 것을 표명하면서 적대국에 체류하는 외국인들의 재산 몰수에 나섰다. 이 조치로 인해 질켄도 미국에 보유하고 있던 300만 달러(현재 가치 약 620억 원)의 자산을 몰수당했다. 죽기 며칠 전의 일이었다(이에 반발한 유족들은 질켄이 생전 미국에서 시민권을 취득했음을 증명했고, 4년 후 유산을 돌려받을 수 있었다).

## 제1차 세계대전에 의한 대폭락

1914년 유럽에서 제1차 대전이 시작되면서 유럽 수출입도 정체되었다. 당시 커피콩이 입항되던 유럽의 주요 4개항(함부르크, 루아블, 암스테르담, 앙트와프)은 모두 전쟁 중이라 배를 보낼 수 있는 상황이 아니었다.

지급품으로 커피를 보내달라는 유럽 병사들의 요구는 빗발쳤다.

특히 전쟁 전 양질의 커피를 마시던 독일에서는 커피 부족이 더 심각했다. 그러나 북해 제해권을 연합국 측 영국이 잡고 있었다. 배를 보내봐야 영국이 침몰시켜버렸기 때문에 방법이 없었다.

한편 항로가 막혀 수요가 격감한 커피콩의 가격은 전에 없던 대폭락을 맞았다. 특히 손해가 막심했던 지역은 유럽으로 고급품을 수출하던 중미였다. 한편 수혜를 받은 곳은 미국이었다. 전쟁 특수에 따른 호경기에다 그때까지 싼 브라질산만 먹어왔던 미국에 갈 길을 잃은 중미산 고급 커피가 저렴하게 유입된 것이다. 나아가 미국 업자들은 미국처럼 중립을 표명하던 북유럽에 북해를 순회해 커피콩을 재수출하면서 새로운 벌이를 창출했다. 이런 수출은 표면상 연합국으로 배송하거나 북유럽 소비용이라고 표시되었지만, 실제로는 독일로 많은 양의 커피가 흘러갔다.

다만 이러한 상황으로 인해 북유럽 사람들이 고급 커피에 익숙해진 것만은 분명하다. 현재 북유럽 국가의 개인당 소비량은 평균 1일 3~4잔으로 가장 많다. 게다가 커피 관계자들이 '가장 좋은 생두는 북유럽이 선점한다'고 할 정도로, 질과 양 모든 면에서 세계 최고의 커피 소비를 자랑한다.

제1차 세계대전 때 미국에서 처음으로 보급된 것이 있다. 인스턴트커피가 바로 그것이다. 1917년 연합국 측에 참전한 미국은 유럽으로 파병되는 병사들에게 과테말라에 살던 벨기에인 조지 워싱턴이 고안한 인스턴트커피를 지급했다. 전장에서 손쉽게 마실 수 있었기 때문이다.

한편 미국에서 최초로 인스턴트커피 특허를 낸 사람은 시카고에 살던 일본인 화학자 가토 사토리이다. 인스턴트커피를 처음 개발한 사람은 조지 워싱턴이었지만, 그 제조법을 특허로 낼 생각은 미처 못한 셈이다(미국 이외에서는 그보다 이른 시기인 18세기 영국에서 시험적으로 제조되었다).

## 미국의 일대 판촉 캠페인

전쟁이 끝나면서 커피 수요는 다시 늘었다. 특히 미국에서는 1920년부터 금주법이 엄격해져서 알코올을 대신하는 기호음료로서 커피 인기가 급등했다. 전쟁 중 고급 커피 맛을 본 미국인들은 경제 발전 흐름을 타고 브라질산 이외 고급품을 찾아나섰다. 콜롬비아도 이 시기부터 점유율을 높여간 나라 중 하나이다.

그 후 인기로 인해 가격이 높아지면서 커피 소비에 먹구름이 끼기 시작했다. 그러자 미국 커피업계가 일치단결하여 커피무역광고 공동위원회를 세우고 여기에 브라질이 자금을 대며 일대 판촉 캠페인을 벌여나갔다.

이때 선전에 동원된 것이 '최신 과학'이었다. 그들은 휴식시간 커피를 마시는 것으로 일의 능률을 향상시킨다는 논문을 인용하며 노동자를 향해 커피의 이점을 어필했다. 또 건강에 관심이 높은 인텔리 계층에는 의학논문을 인용해 C. W. 포스트가 퍼뜨린 커피해악설을 반박하면서 '실은 커피가 몸에도 좋고, 특히 지식인들에게 유용한 음료'라고 선전했다. 일반 가정주부들을 대상으로는 '과학적이며 맛있는 커피 내리기'를 소개하기도 했다.

과학뿐 아니라 당시의 사회 정세도 전방위적으로 활용했다. 당시 사회 진출을 막 시작했던 여성들을 향해서는 '인스턴트커피야말로 바쁜 커리어우먼의 아군이다'라고 광고했다. 한편에서는 보수적인 사람들에게 '가정을 위해 맛있는 커피를 내리는 것은 주부의 품위'라고 강조했다. 중남미 가난한 커피 생산자를 지원하는 것이야말로 새로운 세계의 주도자가 되는 우리의 사명이라며 미국인의 선의와 자존심을 부추기기도 했다. 한편 경제계를 향해서는 그들(중남미 커피 생산자들)이 유복해지면 미국의 공업제품을 사는 '좋은 소비자'가 되어 투자한 만큼 돌아온다고 주장했다.

여기서 그치지 않았다. '커피가 만들어지는' 과정을 소개한 영화를 고교와 대학에서 상영하고, 초등학교에는 교재용 팸플릿을 배포해 미래 고객을 육성하는 등 남녀노소를 가리지 않고 타깃으로 삼아 계몽활동을 펼쳤다. 이 대대적인 활동이 결실을 맺어 재즈가 흐르는 거리에 수많은 커피하우스가 들어섰다. '광란의 1920년대'에 커피는 미국의 국민 음료로 자리매김했다.


## 두 번째 대폭락

이 커피붐을 지켜보던 브라질 정부는 상파울루에 거대 창고를 짓고 대량의 커피콩을 매입한 뒤 유통량과 가격을 조작하기 시작했다. 20세기 초 질켄이 했던 시장 독점을 정부가 나서서 주도한 것이다. 미국 소비자와 커피업계는 반발했지만 유럽의 은행과 투자가들은 이를 '돈벌이 기회'로 여겨 앞다퉈 융자를 해주었다. 그 결과 가격은 상승하고 브라질은 '커피 버블'이라고 불릴 정도로 호황을 맞이한다.

그러나 1929년 10월 11일, 수면 아래 막혀 있던 경제 흐름이 악화하면서 버블이 꺼졌다. 그리고 2주 후인 10월 24일, '암흑의 목요일'에 세계 대공황이 시작된 것이다.

전에 없던 미국의 경기 악화는 커피 소비도 순식간에 얼어붙게 만들었다. 중소 커피회사 도산이 이어졌다. 공황 전에 타 업종과 통합해 규모를 키운 대기업들만이 간신히 살아남았다. 여기에 자국에 공황이 파급되는 것을 두려워한 유럽 국가들이 블록경제를 가동해 식민지 이외 국가와는 무역을 정지했다. 이로 인해 중남미 커피콩은 수출길이 막혀버렸고 가격 대폭락으로 이어졌다.

브라질에서는 이 폭락이 정변으로 발전했다. 경제 기반을 잃은 상파울루 주정부가 반전을 노리며 1930년 대통령 선거에서 자신들의 주 후보를 밀어붙이자 미나스제라이스 주가 '밀크커피 체제'에서 이탈해버렸다. 그리고 오랫동안 이어진 2개 주 독점에 불만을 품은 다른 주와 함께 '자유동맹'을 결성한 뒤 제3위 리오그란데 두술 주 출신 제툴리우 바르가스를 대통령 후보로 내세웠다. 선거에서는 상파울루 측이 승리하지만 자유동맹은 부정선거라고 주장하며 봉기했고 군부를 끌어들인 바르가스가 무혈혁명에 성공해 정권을 잡았다.

혁명의 다른 한편에서 브라질은 대량의 커피 재고를 소진하기 위해 필사적으로 뛰었다. 세계 각국에서 브라질 커피를 선전하며 소비 확대를 촉진한 것이다. 일본의 경우 당초 상파울루에서 판매권을 받은 호시 류조의 '브라지레이로'가 판매를 담당했으나 혁명 이후에는 브라질 정부 직영 '브라질'이 그 역할을 넘겨받아 판촉을 벌였다.

나아가 브라질 정부는 스위스 네슬레 사에 장기보존이 가능한 인스턴트커피 개발을 의뢰하였다. 그후 8년이 지나 나온 제품이 '네스카페'이다. 이밖에 브라질 정부는 생두를 이용해 기름을 짜내기도 하는 등 활발한 연구를 추진했다.

갖은 노력을 펼쳤음에도 브라질 정부는 넘쳐나는 생두를 폐기할 수밖에 없었다. 1931년부터 여러 해에 걸쳐 소각된 생두가 7,800만 포대(468만 톤)에 이르렀다고 한다.

한편 실권을 잡은 뒤 '빈민의 아버지'임을 자처하며 반엘리트, 반제국주의적 포퓰리즘 노선을 추진했던 바르가스는 1937년 대통령 선거 때 스스로 쿠데타를 일으켜 '신국가(에스타도 누보Estado Novo)' 체제를 수립했다. 파시즘적인 독재체제를 갖춘 것이다.

이후 제2차 세계대전이 끝날 무렵 친미파 군부에 의한 쿠데타로 사임하지만 1950년 브라질 최초의 민주선거에서 다시금 바르가스가 대통령으로 당선되었다. 그는 전쟁 선보다도 더 좌경화된 반미 포퓰리즘 노선으로 브라질 근대화를 이끌며 미국의 영향권에서 철저하게 벗어났다.

## 2차 대전 때 병사에게 지급된 커피

1939년 제2차 세계대전이 발발했다. 독일 잠수함 U보트가 대서양 곳곳에 출몰해 상선들을 격침시키는 바람에 미국에서 영국과 프랑스 등 유럽으로 가는 물자 수송이 차단됐고, 설상가상 브라질에서 미국으로 가는 수출길조차 어려워졌다. 이로 인해 커피 가격은 더 떨어지고 말았다. 1차 대전의 악몽이 재현된 것이다.

그런데 이번에는 미국의 태도가 달라졌다. 1940년 중남미 생산국과 협의해 생산국별로 수출 할당량을 정하는 대신 미국이 일정 가격으로 매입할 수 있도록 '환미커피협정'을 체결한 것이다. '미국의 뒷마당'이라고 부르며 자국 경제권 안에 넣고 있던 중남미와 결속을 강화하려는 게 그 목적이었다. 독일 이민자가 많은 생산국들이 파시즘화하는 것을 막고, 커피가 추축국으로 유입되는 상황을 미연에 방지하자는 포석도 깔려 있었다. 생산국들도 이에 호응했다. 당초 추축국에 호의적이던 브라질의 바르가스 정권도 이때만큼은 대미 협조노선을 표명하면서 미국이 참전한 1942년, 연합국 측에 참전했다.

전시에는 어느 나라든 커피를 군수품으로 징발해 전선의 병사에게 우선 지급하였다. 커피가 지닌 약리효과가 졸림을 방지하고 피로감을 경감시키는 등 병사들에게 긍정적으로 작용했기 때문이다. 실제로 커피의 향과 따뜻한 감촉이 병사들을 위로하고 스트레스를 완화하는 데 적잖은 효과를 발휘했다고 한다.

1차 대전 때처럼 간편한 인스턴스커피의 인기가 높아져, 많은 커피회사들이 너도나도 인스턴트커피 개발에 나서기도 했다. 전쟁이 치열해지면서 추축국들은 커피 부족에 허덕였지만 연합국 측은 미국이 대량으로 보내준 덕에 부족함 없이 마실 수가 있었다.

그러나 원두 대부분을 군이 징발하는 상황이 이어지면서 시중에는 커피가 절대적으로 부족해졌다. 1920년대 커피붐 이후 커피가 생활 속에 깊이 침투한 미국인들은 이제 커피를 어떻게 절약할지, 어떻게 하면 적은 양의 원두로 충분한 커피를 만들 수 있을지 고민할 수밖에 없었다. 물을 순환시켜 계속 졸여내는 퍼콜레이터가 보급됐고 주부 대상 잡지에 커피콩 절약기술이 특집으로 게재되기도 했다. 급기야 한 번 내린 커피찌꺼기를 '재탕'하는 사람들까지 나타났다. 이 시기 옅게 마시던 습관이 일반화되어 흐리고 약한 '아메리칸 커피'가 정착했고, 오늘날까지 이어지고 있다.

## 커피브레이크 탄생

1945년 2차 대전이 끝나면서 군에 징발되던 커피가 (적어도 미국의) 시장으로 돌아오게 됐다. 그러나 예기치 못한 사태가 발생하고 만다. 그 많던 브라질 커피 재고가 바닥난 것이다.

원인은 브라질 생산자들의 '커피 이탈'이었다. 브라질에서는 전쟁 전부터 생산 제한이 가해졌고 1942년의 대서리 피해와 맞물려 전시 인플레이션 속에서도 미국이 일정 가격 매입을 유지한 탓에 수지타산이 맞지 않았다. 당연히 생산량은 격감했고, 종전 후 급증하는 수요를 맞추지 못하면서 원두 가격은 급등했다.

그러나 전시의 저렴한 가격에 익숙해진 미국 소비자들은 브라질의 상황을 액면 그대로 받아들이지 않았다. 전쟁 전부터 쌓인 반감까지 더해져, 생산국 브라질이 커피콩을 풀지 않고 가격을 조작하려 든다고 비난했다. 비싼 원두를 절약하기 위해 사람들은 전쟁 후에도 묽은 아메리칸 커피를 만들어 마셨고, 커피 대신 콜라 같은 청량음료를 마시기 시작했다.

이 시기, 소비자 이탈을 막기 위해 1952년 범미국커피국이 만들어낸 선전용 문구가 '커피브레이크'였다. 일하는 도중 잠깐 휴식을 취하는 습관은 같은 시기에 발명된 컵벤더식 자동판매기와 함께 여러 회사에 도입되어 사무실이 가정과 음식점에 이은 새로운 커피 소비의 장이 되었다.

브라질에서 다시 발생한 대서리 피해로 순식간에 치솟았던 커피 가격이 1954년부터 급락하기 시작했다. 아프리카산 저가 로부스타가 시장에 유입됐기 때문이다. 종전 후 독립한 아프리카 국가들은 식민지 시대부터 생산하던 로부스타 재배를 계속했고, 전쟁 후유증으로 재정난에 시달리며 아라비카를 사기 어렵던 프랑스와 이탈리아를 상대로 시장을 넓혀갔다. 그리하여 1956년에는 로부스타가 전체 커피생산량의 22%에 달했다. 저렴한 커피를 찾는 미국인들도 로부스타를 받아들였다. 커피회사도 아라비카와 로부스타를 섞은 인스턴트커피 및 레귤러커피를 만들어 팔았다. 오랫동안 로부스타를 배제했던 뉴욕 시장에서도 거래가 개시되었다.

## 국제커피협정 탄생

1959년, 가격 하락과 로부스타 대두로 골머리를 앓던 중남미 생산자들에게 생각지도 않던 호재가 날아들었다. 쿠바혁명 발발이다. 중남미를 '미국의 뒷마당'이라 부르며 경제적으로나 정치적으로나 견제와 감시를 일삼던 미국이었다. 그곳에서 반미 세력이 생겨날 때마다 힘으로 눌러온 미국에게 카리브 해의 사회주의 국가 탄생은 커다란 위기감을 갖게 했다.

미국은 중남미에서 '제2의 쿠바'가 생겨나지 않도록, 냉전시대 서방국가의 리더로서 관리할 필요가 있었다. 그러자면 세계 커피 생산국의 경제와 정세를 안정화해 공산주의와 반미 게릴라 세력이 대두하는 걸 막아야만 했다. 고심하던 미국은 제2차 대전 때의 '환미 커피협정'처럼, 이번에는 세계 규모의 커피 경제동맹체를 만들기로 했다.

이렇게 생산국들과 미국의 이해가 맞아떨어져 탄생한 것이 1962년에 출범한 '국제커피협정ICA'이다(국제협정은 설탕, 밀가루, 천연고무 등 다른 1차 산물에서도 체결되어 있으며 '국제상품협정'으로 총칭된다). 이러한 협정에 근거해 대규모 거래 대상이 되는 상품을 일반적으로 '코모디티commodity'라고 부른다. '코모디티 커피'란 이처럼 대규모로 거래된 커피를 가리킨다. 아라비카종은 주로 뉴욕, 로부스타는 주로 런던의 커피거래소에서 선물 거래된다.

1963년에는 다수의 국가가 이 협정에 조인하고 실행기관으로 '국제커피기관IOC'이 들어섰다. 가맹국은 수출국(생산국) 또는 수입국(소비국)으로 나뉜다. 수출국에는 사전에 수출 할당량이 정해지며, 수입국에는 비가맹 생산국으로부터 수입하는 것이 금지된다. 일본도 1964년 '신시장국'이라는, 소위 '커피 소비의 개발도상국'으로 분류돼 참가하고 있다.

이 협정으로 세계 커피 수급 균형과 가격 안정이 실현되어 갔다. 이 체제 하에서 크게 약진한 나라가 미국으로부터 '진보를 위한 동맹' 모델 국가로 선정된 콜롬비아이다.

콜롬비아는 1959년에 좋은 커피 만들기에 주력한 생산자 '후안 발데스'(라바 '콘치타'를 동반한, 송브레로에 판초를 입은 수염난 아저씨)를 이미지 캐릭터로 만들어 광고를 개시했다. 이것이 대박나면서 콜롬비아 커피는 수세식의 '마일드 아라비카' 중에서도 최고급품으로 격상되었다. 또한 미국과의 관계가 국제협정에서도 유리하게 작용해 브라질에 이은 커피 대국으로 올라섰다.


## 떠돌이 커피

국제협정의 성과는 분명했다. 국제시장은 안정적으로 발전했고, 커피는 '국제상품협정의 우등생'이라고 불렸다. 이후 다른 상품협정들이 파기되는 상황에서도 커피만큼은 제2차(1968년), 제3차(1976년), 제4차(1983년)로 횟수를 늘리면서 갱신을 거듭했다.

물론 아무런 문제가 없었던 것은 아니다. 생산국들은 가격 안정의 혜택을 받는 제도 자체는 환영받았지만, 조금이라도 자국의 할

당을 늘리기 위해 끊임없이 충돌했다. 생산량이 많은 나라일수록 발언권이 강했으므로 언제나 가장 큰 할당량을 획득하는 나라는 브라질이었다. 한편 손해를 보는 쪽은 언제나 수입국, 그 중에서도 가장 많이 매입하는 미국이었다. '브라질보다도 다른 중남미산이 고품질'이라는 인식은 여전히 강해서 대량의 브라질 콩을 사야만 하는 현실에 불만을 품는 사람들도 적지 않았다.

게다가 코모디티 커피 품질이 점점 떨어지기 시작했다. 생산자가 열심히 노력해서 고품질 커피를 만들어도 평균적인 것들과 함께 섞여서 가격도 양도 결정되는 시스템이었다. 그러다보니 생산 과정의 비용을 절감해 최소 기준만 채운 품질로 출하하는 것이 생산자들에게는 '최적의 방법'이 되었다. 이를 비난할 생각은 없다. 어디까지나 비즈니스니까 말이다.

가장 문제가 되었던 건 '떠돌이 커피Tourist coffee'의 출현이었다. 국제협정에서는 가맹 생산국에서 가맹 소비국으로 수출하는 양을 제한했지만, 비가맹국과의 거래까지 제한할 수는 없었다. 따라서 일부 생산국은 '정규 루트로 판매할 수 없는' 잉여 콩을 저가로 수출했다. 국제적으로 2중가격 상태가 만들어진 것이다.

당시 이런 식으로 수출한 나라들은 할당량이 적은 것에 불만을 지닌 중미 국가, 수입한 나라들은 1968년에 협정을 탈퇴한 소련 등 공산권 국가였다. 결과적으로 '서방의 자금으로 생산된 중미의 고품질 커피가 동쪽으로 저렴하게 흘러가는' 사태가 초래된 것이다. 공산권 국가들은 이 커피를 다시 서쪽으로 판매했고, 이를 일컬어 사람들은 '떠돌이 커피'라 불렀다.

결국 서쪽 소비국에 들어온 브라질 등의 콩은 '저렴하기만' 할 뿐 품질이 점차 떨어졌다. 어렵사리 떠돌이 커피를 입수하게 되어도, 동쪽 국가들이 좋은 것은 빼고 남는 것을 다시 넘겨주는 형태로 흘러갔다.

미국 커피업자들의 불만은 점차 높아지고 국제협정에 반대하는 사람들도 증가하기 시작했다.

## 제2차 녹병 판데믹

1970년, 중남미 커피 생산자들을 두려움에 떨게 하는 소식이 전해졌다. 19세기 후반 스리랑카와 인도네시아를 덮쳤던 커피 녹병이 100년의 세월을 지나 브라질에서 발생하더니 1970년대 후반에는 중남미 전역으로 확산되었다. 만연하는 녹병 앞에서 중남미 생산자들은 100년 전 동남아시아 생산자들 앞에 놓였던 두 가지 궁극의 선택지를 떠올렸다.

(A) 스리랑카처럼 커피 재배를 포기한다.

(B) 인도네시아처럼 저품질 로부스타를 이식한다.

하지만 그들이 선택한 것은 둘 중 어느 길도 아니었다. 사실 중남미 생산자들에게는 또 하나의 선택지가 있었다. 무엇이었을까?

(C) 녹병에 강한 아라비카종으로 이식한다.

'그런 품종이 없으니까 인도네시아가 고생했던 거잖아!'라고 생각하겠지만, 100년 사이의 과학 발전이 이를 가능케 했다.

시대를 거슬러 1927년, 포루투갈령 동티모르의 개인 농원에서 한 그루 변종 커피나무가 발견되었다. 포루투갈 녹병연구소CIFC가 조사한 결과, 이 나무는 농원에서 혼합재배하던 아라비카종과 우연히 배수화한 로부스타종 사이에서 태어난 교배종으로, 로부스타의 내병성을 고스란히 이어받았음이 밝혀졌다. '하이브리드 티모르 HdT(티모르 하이브리드)라고 이름 붙은 이 품종은 상품질은 아니지만 염색체수가 아라비카와 같은 44개였다. 즉 아라비카와 교배 육종이 가능했던 것이다.

곧바로 HdT와 아라비카를 교배해 내병성과 품질을 고루 갖춘 신품종을 만들어내는 작업이 시작되었다. CIFC에서는 HdT를 부르봉의 소형 변이종인 카투라 및 비자살치와 교배했고, 1959년 밀집 재배로 고수량화까지 가능한 신품종 '카티모르' '살치모르'를 만드는 데 성공했다. 이것이 1970년대 녹병이 발생한 브라질과 중미에 전해졌다.

그러나 중남미 국가들은 그 상태에서 만족하지 않았다. 품질에 불만을 느낀 그들은 이 품종을 다시 독자적으로 육종하는 데 열을 올렸다. 콜롬비아와 중미 국가들은 카티모르로, 브라질은 살치모르로, 각자 독자적인 내병 품종을 개발해나간 것이다. 한 세대에 3~4년 걸리는 커피 육종에는 긴 시간이 필요했지만 1980년 말부터 이들의 노력은 결실을 맺었다. 그리하여 중남미는 내병성을 갖춘 품종으로 녹병에 대항할 수 있게 되었다.

coffee break

# 검은 서리

1975년 7월 18일. 남반구의 겨울에 해당하던 시기. 브라질 최대 커피 산지였던 파라 나 주 북부가 몇 시간에 걸쳐 영하권으로 떨어지면서 이 지역 커피나무 70%가 말라죽 는 피해를 입었다. 일명 '검은 서리(제아다 네그라)'로 불리는 사건이다.

브라질은 세계 최대 커피 생산국임과 동시에 세계에서 최남단 그리고 고위도에 위치 한 커피 생산국이다. 내한성이 없는 커피나무에게 겨울의 추위는 치명적이다. 그런데 브 라질은 예로부터 서리 피해가 많은 산지였다.

브라질의 서리 피해는 '흰 서리' 또는 '탄 서리'라고 불리는 비교적 가벼운 피해와 '검 은 서리'라고 불리는 심각한 피해로 구분된다. 전자는 나무의 윗부분에만 피해를 입혀 잎이 탄 것처럼 검게 말라버리고 수확량이 줄어든다. 이에 반해 검은 서리는 나무 전체 를 검게 변색시켜 수확량이 거의 제로가 되고, 심할 경우 나무 자체를 말라죽게 만든다.

브라질에서는 생산 중심이 리우에서 남쪽 상파울루로 옮겨간 19세기 후반부터 종종 서리 피해를 경험했다. 그리고 20세기로 들어서면서 생산의 중심이 더 남쪽인 파라나 주 북부로 옮겨 가면서 그 피해가 한층 심각해졌다.

서리 피해를 알면서도 왜 파라나로 산지를 옮긴 것일까. 브라질 커피 정책과 관련돼 있다. 1906년 가격 유지 정책 이후. 브라질 정부는 상파울루에 새로운 커피나무를 심지 못하도록 금지했다. 따라서 규제가 없는 파라나 주로 농원이 넓혀진 것이다. 파라나 주 북부에 펼쳐진 비옥한 적토(테라로사)는 토지를 찾는 생산자의 눈에 매력적으로 보였을 것이다.

그러나 토양은 훌륭하지만 기후는 '가혹함' 그 자체여서 1942, 1955, 1963, 1969년에 걸쳐 '검은 서리' 피해를 입었다. 그 중에서도 1975년의 피해는 참담해 커피의 시장가격 에 크게 영향을 주었고, 원두 가격이 3배 이상 치솟았다. 그 후에도 브라질은 몇 차례나 더 서리 피해를 입었지만, 미나스제라이스 주의 세하도 지구 관계시설이 정비되면서 중 심 산지가 북으로 이동했다. 이로써 서리 피해 문제도 자연스레 해소되었다.

## 퍼스트 웨이브?

국제협정 시대 미국의 배전회사에서는 원료의 차별화가 어려워지면서 저가경쟁이 격화됐다. 또한 1970년대의 녹병과 서리로 인한 원료 가격 폭등이 이어지면서 커피콩은 '약배전화'가 진행되었다.

1930년대까지 미국의 커피에는 지역별 다양성이 있어서 남부는 극도의 강배전, 보스턴과 서부는 비교적 약배전, 동부는 강배전이었다. 그러다 대공황 이후의 매수합병 등으로 대규모 배전회사들이 탄생하면서 전국적으로 약배전화가 되어갔다. 약배전은 여러 모로 배전회사에 이익을 안겨주었다. 먼저 단시간에 배전할 수 있으므로 연료비가 절약되었다. 게다가 강배전을 할 경우 휘발 성분과 연소가스 등으로 날아가는 성분만큼 중량이 감소하게 마련이다. 따라서 100그램 단위로 판매되는 커피는 약배전을 하는 편이 훨씬 이득이었다. 못된 업자들은 대형 배전기 냉각통에 분무(퀜칭)를 하는 식으로 중량을 늘리기까지 했다.

2003년 노르웨이 출신 랭킹볼 커피(샌프란시스코)의 바리스타 트리시 로스기브는 당시 커피 배전회사들이 보인 이러한 백태를 미국 커피업계의 '퍼스트 웨이브First Wave'라고 이름 붙였다. 그리고 1960년대 후반부터 1990년대 후반을 '세컨드 웨이브', 그 이후를 '서드 웨이브'라 규정하면서 스스로 '서드 웨이브'의 일원이라고 자처했다.

그러나 여기까지 읽은 분들은 짐작하겠지만, 1960년대 이전의 미국을 한 마디 단어로 규정하는 건 다소 억지다. 시대마다 각양각

색의 변천사가 존재한 커피 문화를 시대 순으로 묶어 '퍼스트 웨이브'라고 정의하는 것이야말로 매우 '거친' 분류라는 게 나의 솔직한 의견이다.

이 말 자체는 본래 앨빈 토플러의 저서 《제3의 물결》에서 나왔다. 거의 같은 시기 미국 여성 해방운동을 주장하면서 연대별로 '제1~3의 물결'을 나누는 방법을 그대로 차용한 것이다. 실제로 트리시 자신도 '나의 주관적인 시대 구분'이라고 밝혔듯 알기 쉽게 이야기를 정리하기 위해 이 용어를 사용했을 뿐이다. 그러나 불행하게도 이러한 구분이 기정사실화됐고, '서드 웨이브'라는 명칭만이 홀로 길을 나선 듯한 찜찜함이 가시질 않는다.

# 커피로 본 일본사

그러면 이제 눈을 돌려 일본의 커피 역사를 살펴보겠다. 이미 눈치챘겠지만 지금까지의 세계사에 일본이 등장하는 일은 거의 없었다. 유럽에 비해 커피와 일본의 관계는 매우 얕다. 국제커피협정에서 '신시장국'이라는 범주의 개발도상국으로 구분될 정도였으니 어쩌면 당연한 일이다. 그러나 일본은 전후부터 1980년대까지 배전과 추출기술을 독자적으로 연마하고 발전시켰다. 그 결과 마치 갈라파고스 섬처럼 일본만의 독특한 커피문화를 만들어냈다.

## '태운 냄새가 역해서 참고 마시기 어렵다' : 에도시대

언제 누가 일본에서 처음 커피를 마셨을까? 정확한 기록은 남아 있지 않다. 17세기 말~18세기경 데지마의 네덜란드 상인들이 마셨으며, 이를 상업관사에 출입하던 통역과 유녀, 공무원들이 따라 마신 게 최초가 아닐까 싶다.

1776년 데지마에 부임했던 스웨덴 식물학자 겸 의사 카를 츤베르크는 통역 두세 명이 겨우 커피 맛을 알 정도라고 기록했다. 그로부터 20년 후 유녀가 데지마에서 네덜란드인에게 받은 물품목록에 '커피콩'이란 단어가 들어 있다.

또 1804년에는 문인 오오타 남보大田南畝가 네덜란드인의 배에서 커피를 마신 후의 감상을 《케이호유우테츠瓊浦夕綴(경포우철)》라는 책에서 다음과 같이 기록했다.

홍모선에서 '카우히이'라는 것을 마시다. 콩을 검게 볶아서 가루를 만들고, 백설탕을 녹여 넣은 것인데, 탄내가 역하여 참고 마시기 어렵다.

— 大田南畝, 蜀山人전집 3권

이것이 현재 전하는 일본인의 최초 '커피음용 체험기'이다. 그러나 유감스럽게도 탄내가 역하여 견디기 어려울 정도로 그의 입에는 맞지 않았던 듯하다.

그 후 난학서(네덜란드학서)에 커피 해설이 실리고, 1857년경에는 에조(홋카이도의 옛 이름)에 근무하던 경비병들에게 막부가 커피를 지급했다는 기록이 남아 있다. 그러나 당시 사람들에게 커피는 여전히 '견디기 어려운 맛'이었던 모양이다. 체험기를 남기지 않은 걸 보면 말이다.

## 최초의 본격 킷사 '가히사칸' : 메이지 초기

커피 수입이 본격화한 것은 1854년 개국 후이다. 1856년에 네덜란드에서 상품으로 입하된 것을 시작으로 1858년에는 정식 수입이 개시되었다.

초기에는 주로 체류하는 외국인들을 위한 것이었다. 그러다 메이지유신 시대로 접어든 1870년에는 일본인도 커피를 받아들이기 시작해, 고베와 니혼바시 등지의 극장 입구에 커피를 파는 찻집과 수입 식품점이 나타났다고 한다.

그러던 것을 요즘 같은 킷사텐(커피숍) 형태로 제공한 것은 1888년 우에노 구로몬쵸에 데이에이케이라는 인물이 개업한 '가히사칸可否茶館'이 최초라고 한다. 상류 계급의 사교장이던 로쿠메이칸鹿鳴館에 대항해 서민들의 사교장을 표방한 이곳은 문방구실, 당구실, 카드, 크리켓장까지 완비한, 그야말로 유럽 최첨단 카페 저리 가라 할 정도로 선진적인 가게였다. 그러나 시대를 너무 앞서간 탓인지 경영상 어려움에 부딪혀 4년 만에 폐업하고 만다.

그 후 아사쿠사에 다이아몬드 커피점이 생겼으나 이 역시 오래가지 못했다. 다만 이 시기에 아자부후게츠도麻布風月堂와 키무라야 소혼텐木村屋総本店, 후지야不二家 등 과자점이 개설한 킷사실(찻집)과 나쓰메 소세키의 《산시로三四郎》에도 등장하는 홍고本郷 아오키도青木堂의 킷사실, 긴자銀座 우룽테이ウーロン亭 등의 타이완킷사텐(중국차 중심의 찻집)에서 커피를 제공했다고 한다.

그리고 20세기에 들어와서는 백화점의 식장에도 커피가 비치되고, 우유를 마시거나 신문을 보는 일명 '밀크홀'에서도 커피가 제공되기 시작했다.

## '카페에'의 출현: 메이지 말기

가히사칸이 개업한 해로부터 20년이 지나고 나서야 데이에이케이가 그리던 이상향에 비로소 가까운 커피 문화가 열렸다. 1908년, 훗날 문예잡지 〈수바루〉에서 활약하게 되는 기타하라 하쿠슈와 기노시타 모쿠타로 등이 미술동인지 〈호오슨方寸〉의 이시이 하쿠테이, 야마모토 가나에 등과 의기투합해 '일본에 없는 카페 정서를 일으켜보자'고 한 것이다.

파리의 카페 분위기를 선망하던 그들은 센 강변과 유사한 스미다카와 주변 가게를 샅샅이 뒤졌지만 커피를 파는 곳을 찾을 수가 없었다. 그래서 처음에는 스미다가와 주변 서양요리점에서 모임을 가졌다. 그러나 파리의 카페와 같지가 않으니 금세 술자리 모임으로 변질되고 말았다.

그리스 신화에 나오는 방탕한 목자를 흉내내 '빵회'라고 이름 붙인 이 모임은 심미파 예술운동의 새로운 거점이 되었다. 그들은 몇몇 서양요리점에서 회합을 거듭했다. 당시 그들이 모이던 가게 중 하나가 1910년 니혼바시에 개업한 '메종 코노스鴻の巣(기러기 둥지)'였다. 최초의 술집이자 이후 프랑스 요리점으로 바뀌는 이 가게를, 기노시타 모쿠타로는 시집 《식후의 노래》(1919)의 서문에서 '도쿄 최초의 Café라고 불러도 좋을 집'이라고 기록했다. 그만큼 식후의 커피에도 신경을 썼던 모양이다.

그리고 1911년 3월, 이들 문인의 활동 덕에 탄생한 곳이 긴자의 '카페에 프랭탕'이었다. 빵회를 통해 유명해진 서양화가 마츠야마

세이산이 동료화가 히라오카 겐하치로우와 함께 예술가들을 위한 살롱으로 개업한 가게였다. 프랑스어로 '봄'이라는 뜻의 '프랭탕'은 마츠야마의 친구인 오사나이 가오루가 명명했다. 커피 외에 양주와 경양식을 제공하고, 서빙하는 여성 즉 '여급'을 둔 게 이곳의 특징이었다. 당시 이곳은 회원제로 운영됐다. 마츠야마와 히라오카의 스승인 구로다 세이키를 비롯해 모리 오가이, 나가이 가후, 기타하라 하쿠슈 등 당시의 지식인과 문화인들이 이곳에 모였다. 이 때문인지 일반인들에게는 문턱이 높은 곳이었다.

참고로 관동대지진이 일어나 프랭탕의 긴자 본점은 소실되었다. 그러자 한시적으로 작게 지점을 냈는데, 히라오카와 동료들이 상하이에서 사온 마작돌을 이곳으로 들여온 후 그들 사이에 마작 붐이 일었다. 이로 인해 프랭탕은 '일본 마작 발상지'라고도 불린다.

1911년 8월, 긴자에 또 다른 가게가 들어섰다. '카페에 라이온'. 이곳은 요리가 중심이었지만 커피와 주류를 제공하고 여급도 고용했다. 현재의 '긴자 라이온'과 '비어홀 라이온'의 시작이 된 가게이다.

## 일본 커피사의 원점 '카페에 파리우스타'

그리고 1911년 12월 긴자에서 문을 연 곳이 '카페에 파리우스타'이다. 브라질 이민의 아버지라고 불리는 미즈노 류가 오픈한 곳이다.

황국식민회사의 사장이었던 미즈노는 일본 이민자 수송에 헌신

한 보상으로 상파울루 주정부 커피를 무상 제공해주겠다는 약속을 받은 상태였다. 당시는 브라질이 과잉생산으로 가격 유지정책을 취하던 시기였다. 브라질 상파울루 주정부는 일본을 새로운 시장으로 개척해보자는 장기적 밑그림 아래 커피 무상 지원을 약속한 것이었다. 반면 미즈노는 이것이 브라질 내 일본 이민자들에게 경제적으로 도움이 될 수 있다고 판단했다. 미즈노는 오스미 시게노부의 도움을 얻어 카페에 파리우스타를 창업했다. 실제로는 6월에 오사카 미노에서 먼저 개업했지만 곧바로 폐업한 것 같다.

파리우스타 최대의 무기는 원가 제로 생두를 등에 업은 '저렴함'이었다. 가격이 센 양주와 양식이 아니라 커피가 메뉴의 중심이라는 점, 여급이 아닌 남자 급사(보이)를 고용해 팁 없이도 커피 한 잔만 마실 수 있다는 점이 이곳의 최고 장점이었다. 소문은 삽시간에 퍼져 서민과 학생을 위한 카페로 금세 인기를 끌었다. 그리고 아쿠타가와 류노스케와 게이오 기주쿠, 문예지 〈미타문학〉의 구보타 만타로, 히라즈카 라이테우 등 세이토샤의 여성작가들이 모여들면서 신문화의 발상지가 되어갔다.

또 북쪽으로는 홋카이도부터 남쪽으로는 규슈, 그리고 상하이까지 지점을 열면서 최초의 킷사텐 전국 체인점으로 성장했다. 여기에 파리우스타의 스태프들 중에서 키 커피와 마츠야 커피의 창업자가 나오는 등 일본 커피업계를 지탱하는 인물을 다수 배출해냈다. 그러니까 파리우스타는 일본 커피사에 있어서 하나의 원점이라고 말할 수 있다.

애초 3년 예정이던 상파울루 주정부의 커피 무상 제공은 12년이

나 지속되다가 미국이 커피붐을 맞아 가격이 상승하면서 끝난다. 이후 관동대지진으로 긴자의 파리우스타가 파괴되자 이를 기점으로 각 지점들이 분리영업을 시작했고 본체는 배전회사로 변모했다. 이것이 현재의 닛토커피日東珈琲이다. 1970년에는 긴자에 '카페에 파리우스타'를 재건했다.


## 물장사 급의 '카페에'

그런데 지금까지 '카페'가 아니라 '카페에'라고 길게 늘려 적은 것을 보며 다소 의아하지는 않았는가? 이 책에서는 다이쇼부터 쇼와 시대 중반까지의 업소를 '카페에'라고 부르면서, 헤이세이 이후 '카페' 및 프랑스의 카페와 구분하고 있다. 전자의 '카페에'는 1920년대에 커피를 팔던 가게와는 다른, 물장사와 화류계의 한 업태였기 때문이다.

카페에가 생겨나고 시간이 조금 지나자 어느 가게 여급인 누가 귀엽다는 등의 이야기가 남자들 사이에서 화제로 올랐다. 여자를 노리고 카페에를 출입하는 손님들이 생겨난 것이다. 실은 당시 여급은 급어를 가게에서 받는 것이 아니라 손님의 팁에 의존했다. 즉 팁을 받아 수입을 올리기 위해서는 그런 남자들을 무시할 수가 없는 구조였다. 또 술을 제공하는 카페에서는 여급들이 술을 따르고 접대를 하는 등 요즘 세상의 호스티스와 같은 역할을 맡았다. 이렇게 카페에는 최근의 캬바레나 바와 같은 물장사(물론 캬바레나

바도 해외에서는 물장사가 아닌 음식점이지만)로 변해갔다.

그런 현상이 두드러지게 나타났던 시기가 1923년 9월 1일의 관동대지진 이후였다. 지진 재해에서 벗어나 도시를 새로 부흥시키기 위해 도쿄에는 요리집과 카페에, 킷사텐 등 새롭고 작은 음식점들이 우후죽순으로 생겨났다. 그 중 특히 급증했던 게 물장사계의 '카페에'였다.

재해 이후의 도쿄는 카페에의 전성기였다고 할 정도로, 우후죽순 카페에가 생겨났다. (생략) 카페에의 번창가감은 커피의 맛있음이나 음식의 품질과 상관없이 여급 외모가 좌우했다고 하는 편이 좋을 듯하다. (생략) 카페에에 없어서는 안 될 것은 아름다운 여급이다. 아름다운 여급이 카페에의 내용이자 간판이다.

−1926년, 부인직업연구회편 〈부인직업 앞과 뒤〉

(공창과 사창, 예술기생과 비교해) 카페의 여급은 자유이다. 몸을 팔든 팔지 않든 본인이 정하며, 일하던 가게를 바꾸고 싶으면 언제라도 돌아가면 된다. (생략) 현대에 있어서 카페 범람의 가장 큰 이유 중 하나는 이러한 자유이며, 밝은 여급의 존재에 기인하는 것이다. 진심으로 일본의 카페에서 여급을 빼버리면, 아무것도 남지 않는다.

−1931년, 코마츠나오토 〈카페 여급의 앞과 뒤〉

거짓말 같은 이름이지만 긴자의 '카페에 라이온' 근처에 '카페에 타이거'라는 가게가 오픈했는데, 얼굴은 예쁘지만 행실이 좋지 않아 라이온에서 해고된 여급들을 고용해 색기로 영업하는 곳이었다고 한다. 그러나 이를 훨씬 뛰어넘는 과격한 서비스를 파는 오사카의 카페에가 도쿄에 진출했고 타이거조차 그들에 비하면 뜨뜻미지근한 장사가 되어버렸다. 그중에는 성적 서비스 자체를 팔기도 하는, 매춘업소나 다름없는 카페에도 생겨났다. 카페에는 '에로틱, 그로테스크, 넌센스' 시대의 밤을 장식하는 스타가 되어갔다.

## 일본의 퍼스트 웨이브? '쥰킷사'

한편 이러한 카페에와는 선을 긋고 커피와 식사만 취급하는 곳들도 생겨났다. 이 무렵은 일본에서 여성의 사회진출이 시작되던 시기였다. 그리고 전쟁과 지진으로 과부가 된 여성들이 생활을 위해 작은 음식점을 열기도 했다. 건전한 노선의 가게, 특히 이상한 손님들이 오는 것을 피하기 위한 가게들은 본래 양과자점이나 대만 킷사텐이 사용하던 '킷사텐'이라는 이름을 사용했다. 1925년경에는 술과 여급을 두는 '카페에', 이들과 다른 '보통 킷사텐', 그 중간인 '특수 킷사텐'이라는 분류가 있었다고 한다.

카페에는 1930년경에 전성기를 맞이하지만 한편에서는 사회적 풍기문란의 원흉으로 지목되었다. 그러자 전쟁을 앞두고 사회기강을 바로잡고 싶은 경찰당국은 1929년 '카페 바 등 단속강령'을 발표했다. 카페에를 규제하기 시작한 것이다.

이를 대신하여 증가한 것이 건전 노선을 표방한 보통 킷사텐이었다. 이렇게 해서 1930년대의 일본에서 최초의 킷사텐 붐이 도래했다. 게다가 1929년부터 시작된 세계대공황으로 커피 원료 가격이 하락하면서 술과 여급을 두지 않는 킷사텐에서는 커피가 메뉴의 중심으로 자리잡았다. 이렇게 태어난 킷사텐들은 1930년대 전반에 '쥰킷사純喫茶'라고 불리게 되었다.

개업 희망자들에게 커피 지식과 추출법을 알려주거나 개업 정보를 제공하는 책과 잡지들도 속속 등장했다. 1929년 간사이 지방에서 커피회사를 운영하던 호시 류우조가 쓴 《커피의 지식》을 필두로, 1920년대 미국 커피붐 시기의 정보가 일본에도 소개되기 시작했다. 〈킷사가이喫茶街〉 〈차와 커피〉 등 전문지도 이때부터 발간되었다.

커피점이 늘고 저변이 확대되면서 다른 가게와 차별화하기 위해 품질에 주력하는 가게들도 생겨났다. 맛을 추구하는 점주와 그곳에 모이는 커피마니아들이 관련 지식을 나누고 기술을 연마해 일본 특유의 커피문화를 만들어낸 것이다.

이 시대에도 일본에 수입된 커피는 브라질산이 대부분이었다. 1929년 호시 류우조가 상파울루 주정부와 수입 계약을 맺고 이듬해에는 카페 '브라지레이로'를 전국적으로 문을 열었다. 또 1932년에는 구 미츠이물산과 계약한 브라질 정부 직영 브라질커피선전판촉본부가 긴자에 들어섰다. 그곳에서는 원두를 팔고 카페 영업을 전개해 전국 각지 카페들과 제휴한 뒤 브라질산 커피를 공급했다.

1930년대 중반이 되자 콜롬비아와 코스타리카의 커피가 일본에 들어왔다. 1937년에는 블루마운틴까지 수입하기 시작해, 일본에서도 첫 번째 커피붐을 맞는다. 당시 일본 통치 하에 있었던 대만에서도 커피가 재배돼 '국산 커피'로 화제를 모았다.

## 전쟁과 부흥

이렇게 꽃피운 전쟁 전의 커피붐은 1938년 국가총동원법 발령과 함께 한순간에 꺼졌다. 커피는 수입 규제 대상이 되었고, 태평양전쟁이 시작되면서 원두를 구하기는 더욱 어려워졌다. 1944년에 커피가 완전 수입 정지되자 일본에서는 콩과 곡물로 만드는 대용커피가 유행했다. 커피 관련 서적도 전화의 불길 속에 소실되는 등 전쟁 이전의 커피 문화는 명맥이 끊겼다.

1945년 종전 후에도 커피 부족은 계속되었다. 간신히 손에 넣을 수 있는 것이라야 미군에서 흘러나오는 캔에 담긴 커피가루 혹은 전쟁 중 누군가가 몰래 숨겨둔 게 전부였다. 그러나 부족한 자료와 기억을 단서로 전쟁 이전에 마시던 커피를 부흥시키려는 사람들이 나타났다. 미국의 경우 전쟁 중이라 물량은 많지 않았지만 그래도 시장에는 커피가 있었고, 부족한 원두로 커피를 마시다보니 점점 흐러저 최종적으로 '아메리칸'에 성착했지만, 일본에서는 이마저 불가능할 정도로 커피 공급이 단절되었던 게 오히려 커피를 부흥시키려는 의지의 계기가 되었는지 모른다.

1950년 커피콩 수입이 재개되자 현재의 UCC와 키 커피 등 많은 회사들이 본격적으로 커피 사업에 뛰어들었다. 커피 소비량과 킷사텐의 숫자도 점차 늘었다. 이 시기는 커피 중심의 쥰킷사보다 재즈 킷사나 명곡감상 킷사 등 개인이 소유하기에는 고가였던 레코드 플레이어로 음악을 듣는 곳, 합창이 목적인 가성 킷사처럼 커피 이외 목적을 지닌 오락의 장소로서 킷사텐이 유행했다.

한편 전쟁 전에 유흥업소처럼 운영되던 '카페에'들의 운명은 달랐다. 종전 후 들어선 연합군총사령부GHQ가 공창제도를 폐지하자 대다수 유곽들이 카페나 요리점으로 간판을 바꿔달았고, 1957년 매춘방지법이 시행되었을 때 유곽과의 경계가 모호했던 카페에들까지 모조리 막을 내리게 된다.

## 커피의 대중화

전후 경제성장이 이어지면서 1960년 생두 수입이 자유화되고 1961년에는 인스턴트커피 수입이 완전 자유화되었다. 이 무렵부터 인스턴트커피 국산화도 추진되어 서구화하는 식문화의 흐름을 타고 가정에까지 보급됐다. 1965년에는 미우라 요시다케가 세계에서 처음으로 캔커피를 고안했으나 보급으로 이어지지는 않았다. 그리고 1969년 UCC가 독자적으로 우유가 든 캔커피를 개발해 선보이면서 전국적으로 인기를 끌었다.

1964년에는 일본이 국제커피협정에 가입했다. 단 소비 진흥을 위한 '신시장국'으로 분류돼, 일본과의 거래는 생산국 수출 할당에 포함시키지 않는다는 '장외' 거래 대상이었다. 생산국에서는 동급의 비싼 콩을 우선 '장내'로 반출했기 때문에, 일본에는 저급품이 주로 들어올 수밖에 없었다. 미국에서조차 저급하다며 외면하는 생두가 그 시기 일본에 들어온 것이다.

품질이 좋지는 않았어도 커피를 쉽게 살 수 있게 된 것만은 분명했다. 여기에 인스턴트와 캔커피가 보급되고 전일본커피협회(1953년 발족)가 선전 홍보에 나서면서 일본인에게 커피는 한층 더 친숙한 음료가 되었다.

## '카페나 할까, 카페밖에…,'와 일본 커피붐

1960년대에 정점을 맞았던 재즈 카페와 명곡 카페는 가정에 레코드가 보급되던 1970년대로 접어들며 쇠퇴했다. 대신 급증한 것이 커피와 경식을 주 메뉴로 개인 및 가족이 경영하는 킷사텐이었다.

1970년 호경기(이자나기 경기) 시대가 끝나고 샐러리맨 생활을 정리하는 사람들이 생겨났다. 이 '탈회사원'이 급증하면서 사회현상으로 대두한 것이 1971년. '탈회사원파'들 중 많은 수가 자신의 가게를 운영하는 '주인'이 되기를 소망했다. 그들이 너도나도 독립 킷사텐을 개업한 것이다.

그들은 왜 다른 업종이 아닌 킷사텐을 선택한 것일까. 가장 큰 이유는 킷사텐이 가장 간편한 자영업이었기 때문이다. 서양음식점처럼 본격적인 식당을 열기 위해서는 요리 기술이 필요하다. 반면 쥰킷사처럼 '커피와 경식을 만들어내는 곳'이라면 어떻게든 해볼 수 있을 거라고 판단했을 것이다.

'데모시카 킷사'라는 말이 생겨난 것도 이 무렵이다. '회사원을 탈출해 킷사텐이라도(でも) 시작해볼까?' '나는 다른 업종은 무리이고, 킷사텐 정도밖에(しか)할 수 없어.' 하는 가벼운 마음으로 시작하는 킷사텐을 비난조로 부르는 말이었다.

실제로 그 시절에는 킷사텐 개업이 간단했다. 1967년 음식점과 킷사텐을 운영하는 개인사업자들에게 대출을 해주는 환경위생금융 금고가 만들어져 자금 조달이 쉬웠다. 또한 개업사업 희망자를 상대로 컨설팅해주는 사람과 회사도 등장했다. 그들이 조언하는 대로만 하면 개업은 무난하게 할 수 있었다.

'커피와 경식을 만들어내기만 하면 된다'고 생각한 사람들은 개업 이후 배전회사로부터 배전한 콩과 커피 외에 설탕과 우유 소모품도 함께 샀다. 이렇게 되자 배전회사가 도매업자 및 영업 컨설턴트까지 겸하는 형국이 연출됐다. 시간이 지나면서 케이크와 음식 재료, 신메뉴 제공까지 요청하는 등 가게 운영의 모든 것을 배전회사에 기대는 킷사텐 주인들이 많아졌다. 반대로 업자들이 권하는 대로 기자재들을 잔뜩 들여놓고 개업을 한 결과 얼마 안 가 빚으로 가게를 잃는 곳도 빈번했다고 하니, 어떤 의미에서는 양쪽 모두 '거기서 거기'라는 생각이 든다.

한편 전국 체인과 프랜차이즈 카페들도 이 무렵에 나타났다. 예를 들면 도토루커피(1962년 창업)가 1980년에 시작한 커피숍은 일련의 과정을 셀프 시스템으로 바꾼 뒤 저렴한 커피와 장소만을 제공했다. 이것이 인기를 끌면서 도토루는 셀프 카페의 선구자가 되었다. 그러자 커피숍에 원두를 납품하던 다른 배전회사들도 직접 카페를 열고 직영점을 늘려나가기 시작했다. 거대 자본을 무기로 한 배전회사들 간 경쟁이 치열해지면서 개인이 경영하는 킷사텐들은 어려움에 빠졌다. 대기업과 다른 노선을 취함으로써 살아남기 위한 방법을 찾든지, 대기업의 체인점이 되든지, 가게를 접든지 선택해야 하는 상황에 놓인 것이다.

이런 식으로 1970년대부터 증가한 킷사텐은 1981년 기준, 개인과 법인을 모두 합해 전국 15만 개를 넘어설 정도였다. 그 중 13만 개가 개인사업자가 운영하는 곳이었다. 일본 킷사텐 붐의 '황금기'라고 불리기에 손색이 없는 시기였다.


## 일본 세컨드 웨이브? : 자가배전점

킷사텐 수 급증으로 경쟁이 심각해지자 일부 킷사텐 주인들이 '커피의 맛있음'으로 자신의 가게를 차별화하기 위해 절치부심했다. 그들이 최초로 주력했던 것은 추출이다. 페이퍼드립과 융드립, 사이폰 등 각각 자신의 가게에 맞는 추출기술을 연마한 뒤 수많은 지역 커피콩들을 상비하고 주문받을 때마다 한 잔씩 추출해 제공하는 '한 잔 대접'이 보편적인 풍경이 되었다.

의외라고 여길지 모르지만 이처럼 '커피 자체의 맛있음을 파는 전문점'이 유행한 것은 역사적으로 볼 때 매우 드문 일이다. 유럽의 커피하우스와 카페는 어디까지나 사람들의 교류가 중심이었다. 그러므로 커피는 (에스프레소를 제외하면) 가능한 한 모아서 한꺼번에 내리는 것이 일반적이었다. 맛있음 추구란, 호사가들이 개인적으로 행하는 취향일 뿐이었다. 미국에서조차 '한 잔 대접'을 지향하는 가게가 증가한 것은 21세기 들어서부터다. 아마도 당시엔 일본이 유일하지 않았을까.

그러나 아무리 추출기술을 연마해도 같은 곳에서 배전한 콩을 가지고 다른 가게와 차별화하는 것에는 한계가 있었다. 고민하던 점주들이 도달한 결론이 바로 자신이 '직접 배전을 하는 자가배전점'을 운영하는 것이었다. 자가배전에 필요한 배전기는 후지코기富士珈機(브라지레이로 기계부의 후신) 같은 회사에서 구입하면 기본 조작법을 안내받을 수 있었다. 다만 배전 방법에 관한 해설서와 정보원은 매우 제한적이어서, 자신이 그리는 커피를 만들기 위해서는 무수한 시행착오를 반복할 수밖에 없었다.

한편 종전 이후 스스로 커피를 배전하는 작은 킷사텐은 일본 각지에 산재해서, 커피를 배우려는 사람들은 선배 커피인들을 직접 찾아가 배워야 했다. 그들 중 일부는 자가배전을 하는 카페에서 일하며 추출과 배전을 하나하나 배워나가는 등 장인의 도제식과 닮은 관습이 생겨났다.

초기 자가배전 카페들은 강배전 융드립을 선호했고, 자연히 이 스타일을 이어받은 사람들이 많이 배출되었다. 이 무렵 일본에 수입된 저급품 생두를 배전과 추출을 통해 맛있는 커피로 재탄생시켜보기 위해 시행착오를 거듭한 결과가 강배전으로 이어진 측면도 있다.

시간이 지나 선배들 밑에서 독립하거나 독자적으로 기술을 연마한 사람들이 속속 자가배전 카페를 개업하기 시작했다. 그들을 대상으로 하는 기업 세미나와 컨설팅도 증가했다. 또 〈킷사텐 경영〉 같은 잡지에서 유명한 카페의 배전법과 추출방법을 특집으로 실었다. 잡지와 서적으로 정보를 얻기 쉬워지다보니 커피 논쟁이 격렬해지고 기술과 이론은 더욱 깊어졌다.

〈킷사텐 경영〉의 편집장을 지낸 시마나카 로는 저서 《커피에 이끌린 남자들》에서 당시를 대표하는 커피인의 계보를 그려냈다. 이 책에는 종전 직후 개업해 자가배전을 널리 확산시킨 인물로 긴자의 '카페 드 람부르' 세키구치 이치로와 오사카에서 '리히토' '난치' 등을 운영했던 에리타테 히로야스가 소개되었다. 종전 직후 일본 '동서 지역의 양대 거목'이라 할 수 있다.

또한 시마나카는 람부르의 세키구치와 함께 에리타테를 생애의 스승으로 섬기던 기치조지 '모카'의 시메기 유키토시, 합리적 사고에 근거해 독자적인 배전기술을 체계화한 미나미센쥬 '카페 바흐'의 타구치 마모루를 1970년대 이후 도쿄를 대표하는 '자가배전점 3인방'으로 들고 있다(물론 다른 많은 커피인들이 일본 각지에서 활약하고 있는 것은 말할 것도 없지만).

이런 사람들의 손에 의해 일본의 독사적인 '자가배전섬' 커피 분화가 꽃피우고 점점 심화되었다. 한편으로 전문화하는 자가배전점과 일반 킷사텐 간 양극화가 진행된 것도 이 시기이다.

# 1980년대 후반은 '킷사텐의 겨울'

1980년대 후반 일본은 버블경제 시대를 맞아 호경기로 끓어넘쳤다. 이와 더불어 킷사업계에는 역풍이 불기 시작했다. '호경기인데왜?' 하고 질문할 수도 있겠다. 그러나 킷사텐은 불경기일 때 더 유리한 업종이엇다.

커피를 중심으로 하는 가게는 원가가 비교적 저렴하기 때문에 '이익률'은 대체로 좋은 편이다. 하지만 고객이 '커피 한 잔으로 테이블 한 개를 점령하는' 식이라 시간당 객단가가 낮아 전체 매출이 그다지 높지 않다. 버블 시대에 부동산 가격이 폭등하자 입주자들은 점점 치솟는 임대료를 감당하기 어려운 상황에 몰렸다. 또 수입에 의존하는 원두의 경우, 버블 시기의 엔저현상으로 인해 가격이 치솟았다.

버블 시대 일본에서는 소위 '고메gourmet(미식가 혹은 식도락가를 의미하는 프랑스어 구르메의 일본식 발음) 붐'이 시작되었다. 사람들은 새롭고 신기하고 고급스런 식품으로 몰렸다. 티라미슈 히트를 시작으로, 매스미디어들까지 가세해 나타데코코, 판나코타 등 쉬지 않고 새로운 붐을 일으키는 데 주력하면서 커피 자체를 중심으로 하는 킷사텐의 인기는 점차 시들해졌다.

호황을 누리는 세상 이면에서 킷사텐은 상대적으로 '벌이 나쁜 장사'가 되어간 것이다. 그 결과 많은 가게들이 폐업하거나 다른 업종으로 전환을 했다.

## 일본의 서드 웨이브? : 헤이세이 '카페' 붐

1991년 3월의 버블 붕괴와 함께 일본은 역경과 인내의 시대를 맞았다. 그 한편에서 킷사업계의 긴 '겨울'도 끝나는 중이었다. 해고에 의한 중도퇴사자, 취직 빙하기에 직면한 젊은이, 그리고 버블 시대의 맞벌이 세대 증가로 생겨난 '일하는 여성'들 중에서 새롭게 킷사텐을 개업하려는 사람들이 나타난 것이다.

1970년대 붐과는 달리, 버블기 해외여행을 통한 유럽 카페 체험과 인터넷 보급으로 해외의 카페 정보도 넘쳐났다. 따라서 유럽의 오픈테라스나 세련된 메뉴 및 브런치 등을 도입해 판매하는 새로운 스타일의 킷사텐이 생겨나기 시작했다. 이 무렵 일본의 고메 붐 트렌드는 에스닉 요리와 무국적 요리였다. 비교적 '자기류'로 재해석하기 쉬운 트렌드 메뉴를 도입하는 가게들이 늘면서 커피 외에 식사로 객단가를 높이기 수월했다.

1990년대 중반부터는 이러한 신세대 킷사텐을 '카페'라고 부르는 것이 일반화되었다. 세련된 분위기의 카페를 TV나 잡지에서 크게 다루며 붐을 일으켰고, '쇼와 풍' 자가배전점의 분위기를 멀리하던 젊은층과 여성들도 흥미를 보이기 시작했다.

이렇게 일본의 커피사를 돌아보면, 20세기에 들어서면서부터 1920년대, 1970년대, 1990년대로 세 차례의 킷사텐 급증기를 거쳐왔음이 드러난다. 그리고 1920년대 카페에의 유행에서는 준킷사, 1970년대 킷사텐 대유행에서는 자가배전점이 생기며 각 시대 킷사

텐의 저변을 넓힌 후, 커피 특화형 가게가 두각을 나타내는 패턴을
보였다.

1990년대 카페 증가 시기에도 새로운 유형의 커피전문점이 나타
났다. 그것은 미국의 영향을 짙게 받은 곳, 생두 품질을 중시하는
'스페셜티 커피' 전문점과 '스타벅스'로 대표되는 에스프레소 메뉴
주체의 커피숍이다.

이때부터 일본의 커피는 또다시 새로운 시대를 맞게 되는데, 먼
저 그 루트가 되는 미국에서 어떤 일이 일어났는지 다음 장에서 살
펴보겠다.

# 스페셜티 커피를 둘러싸고…,

1960년대 국제협정 체제 하에서 '국제상품거래 우등생'이 된 퍼스트 웨이브 시대의 코모디티 커피. 그러나 이면에서 생겨나는 많은 문제들로 인해 불만을 호소하는 사람들이 적지 않았다. 그들의 요구로 보다 질 높은 '특별한' 커피, 스페셜티 커피가 탄생했다. 하지만 1990년 발발한 '커피 위기'로 인해 커피업계는 대전환을 맞는다. 이번 장에서는 스페셜티 탄생 경위부터 20세기 말에 걸친 세계의 움직임을 살펴보겠다.

## 스페셜티 커피의 조부

전쟁 이후 품질이 떨어지기만 하던 미국의 커피를 더 이상 참지 못한 인물 중 대표 격이 앨프레드 피트였다. 1920년 네덜란드 배전업자의 집에 태어난 그는 커피와 홍차를 취급하는 회사에 취직해 홍차 감별사로서 인도네시아와 뉴질랜드를 돌아다닌 후, 1955년 미국으로 이주했다.

세계 각국 커피를 마셔본 그는, 세계에서 가장 부유한 나라 미국이 세계에서 가장 맛없는 커피를 마시고 있다는 사실에 놀라고 분노했다.

그는 1960년부터 자가배전을 시작해 1966년에는 캘리포니아 주 버클리에서 '피츠 커피 & 티'를 개업했다. 그곳은 금세 유럽의 커피를 그리워하던 이민자와 캘리포니아 대학 학생들, 그리고 히피들로 북새통을 이루었다. 그 중에는 이후 스타벅스 창업자가 될 사람도 있었다. 피트는 1979년 후계자에게 회사를 매각하고 2007년 세상을 떠났다.

그의 가게는 좌석수가 적고 자가배전한 콩 소매가 중심이었다. 콜롬비아, 과테말라, 케냐, 수마트라 등지에서 공수한 상질의 생두를 당시 미국의 주류들보다 훨씬 강하게 볶은 '고품질 강배전 커피'로, 특히 수마트라 만델린의 신비로운 맛은 지금도 미국 커피업계 사람들 사이에서 '전설'로 회자될 정도다.

그의 커피 스타일은 뒤에 설명하는 스페셜티(약배전파가 대부분이었던 스페셜티 초기, 에스프레소 중심의 스페셜티 후기)와는 전혀 다른 것이었다. 그러나 품질을 경시하던 전후 미국에서 커피의 향미를 중시한 점이 일치했고 이후 스페셜티가 탄생하는 계기를 만들었다는 점에서 피트는 '스페셜티 커피의 조부'라고 불린다.

그런데 실제로는 그보다 조금 앞서 샌프란시스코에서 고품질을 지향하는 동업자들이 나타났다고 한다. 한데 왜 피트만 이토록 주목받게 되었을까? 혹시 스타벅스의 탄생 배경이 되는 인물이었다는 점이 그 이유는 아닐까?

## 스페셜티 커피의 아버지

앨프레드 피트가 조부라면 에르나 크누첸은 '스페셜티 커피의 아버지'쯤 된다. 어린 시절 노르웨이에서 미국으로 이주해 젊을 때 월가 모델로도 활동했다는 그녀는 이후 커피와 스파이스를 수입하는 캘리포니아 회사의 사장 비서로 취직했다. 바로 그곳에서 미각과 후각의 예민함을 평가받아 컵테이스터(커피감별사)로 활동하기 시작했다.

'스페셜티 커피'라는 용어도 그녀가 맨 처음 사용했다고 전해진다. 스페셜티 커피를 세상에 '탄생시킨 부모'인 셈이다. 1974년 〈티&커피 트레이드 저널〉에 '스페셜티 커피'라는 이름을 처음 쓴 후 1978년 국제커피회의 강연에서 이를 다시 사용하면서 커피 관계자들 사이에 확산되었다.

그녀가 정의한 스페셜티 커피는 '특별한 지리적 조건에서 만들어진, 특별한 풍미의 커피'이다. 에티오피아 예가체프, 예멘 모카, 인도네시아 슬라웨시 섬의 카로시 등이 대표적이다.

생두의 품질과 배전을 고루 중시하던 피트와 달리 크누첸이 강조한 것은 '오직 생두'였다. 산지별로 드러나는 특별한 풍미, 즉 '생두의 개성'을 중시한 것이다. 세계의 생두를 모아 커핑(커피 관능 평가)하는 수입회사의 컵테이스터였기 때문에 가능한 사고방식일지 모른다.

어찌 되었든 크누첸은 그때까지 두루뭉술하게 취급받던 양질의 커피를 새로운 이름으로 명명해 제대로 대접받게 만들었다. 품질에 걸맞은 이름을 얻음으로써, '고품질 커피'는 이전과 다른 이미지와 명확한 실체를 얻은 것이다. 이제 사람들은 기꺼이 비싼 값을 치르고 스페셜티 커피의 맛과 향을 산다.

## 조지 하웰의 '오염되지 않은 커피'

1970년대부터 1980년대 중반까지 스페셜티는 피트와는 전혀 다른 방향의 '약배전파'가 주류를 이뤘다. 그 대표주자가 1975년 보스턴에 개점한 '커피 커넥션'의 조지 하웰이다. 1960년대 후반부터 샌프란시스코에 거주하며 고품질 커피를 체험한 그는 1974년 보스턴으로 이주한 후 그곳의 커피에 만족하지 못하고 크누첸에게 생두를 공급받아 자가배전을 시작했다.

그의 커피 스타일은 상질의 수세식 생두를 약배전해 프렌치 프레스로 제공하는 것이었다. 이때 그가 특히 중시했던 게 '클린'이란 개념이었다. 그는 정제 과정에서 생두에 흡착되는 냄새는 '오염'일 뿐이며, 이 냄새가 절대 섞여들지 않게 하는 '클린컵'만이 스페셜티의 절대조건이라고 단언했다. 그는 브라질에서 건식 정제한 원두의 경우, 지면에서 오염된 냄새가 흡착되었다면서 비판했다. 반면 중미에서 수세식 정제한 커피콩들은 오염물이 붙지 않았다며 그 품질을 높게 평가했다.

또한 크누첸의 정의를 인용해 각 산지의 지리적 조건이 만들어 낸 생두의 '개성'을 손상시키지 않으려면 '약배전'을 해야만 한다고 주장했다. 그 배경에는 그가 활동하던 서해안과 보스턴이 전쟁 이전부터 유독 '약배전'을 선호한 지역이라는 점도 영향을 주었다고 여겨진다.

하웰의 주장은 많은 '신봉자'를 낳았으나 다른 한편에서는 그의 극단적인 목소리를 불편해하는 사람들도 적지 않았다. 가령 커피 평가사이트 '커피 리뷰'를 운영하던 커피 연구가 케네스 데이비드는 하웰를 중심으로 하는 '클린컵파' 컵테이스터들을 향해 '청렴결백한 커피를 심판하는 설교사들 같다'며 비꼬기도 했다.

그 후 연구를 통해 수세식 정제 역시 발효 과정에서 향성분이 만들어진다는 것이 과학적으로 증명되었다. 이와 함께 건식 정제의 정제과정에서 만들어지는 향미가 재평가되기 시작했고, 하웰를 중심으로 하는 클린컵파들의 주장은 힘을 잃었다. 그러나 그가 젊었을 당시에는 건식 정제를 하던 브라질과 수세식 정제를 하던 중미 커피의 품질 차는 매우 컸으니, 하웰의 주장이 터무니없다고만 할 수도 없을 듯하다.


## SCAA 발족

1970년대부터 스페셜티에 대한 관심은 서서히 확산되었지만, 커피업계 전체로 보면 그 점유율은 겨우 1% 선에 불과했다. 그러던 1982년, 미국스페셜티커피협회scaa가 발족한다. 'SCAA 설립의 아버지' 도널드 쇼엔홀트(기리스 커피, 뉴욕)와 이후 컵테이스터를 위한 교본을 작성한 것으로 알려진 테드 링글(링글 브라더스 커피, 캘리포니아)을 비롯해 커피 수입에 관여하는 42개의 중소업자들이 모여 결성한 소규모 집단이었다.

'수입업자'가 중심이 되어 SCAA를 결성한 주요 목적은 세 가지였다. 먼저, 거래량을 모아 수입량을 확보하기 위함이었다. 기본적으로 생두는 생산지에서 한꺼번에 대량 정제 처리한 후 수송 컨테이너 대당 가격으로 거래하는 상품이었기 때문이다. 가령 어느 수입업자가 '특정 농원 콩만 열 자루(600kg)를 사려 한다'고 치자. 혼자 주문을 해서는, 웃돈을 주겠다고 해도 생산자나 운반업자들이 상대해주지 않는다. 타산이 맞지 않기 때문이다. 그러나 여럿이 모여 '한꺼번에 구매'를 한다면 이야기가 달라진다.

이렇게 수입업자들이 모여 인기 높은 중미의 고품질 콩을 수입하려고 나섰지만 또 다른 장벽이 있었다. 국가별 수출량을 할당하고 상한선을 제한한 '국제커피협정'이 바로 그것이었다.

물론 1975년 브라질 대서리 피해 이후 시장가격이 폭등하면서 수출 할당제도는 일시 폐지되었다. 그 덕에 미국 커피업자들은 중미산 고품질 커피를 쉽게 입수할 있었고, 스페셜티 보급이 활발하게 이루어졌다. 그러던 1980년대 초, 신협정이 체결될 거라는 소식이 들렸다. 수입업자들은 분주하게 움직였다. 제한 완화가 지속될 수 있도록 로비하기 위해서라도 그들은 연대해야만 했다. 이것이 SCAA를 결성한 두 번째 이유였다. 그 결과 1983년 체결된 신협정에서는 시장가격이 '어느 정도 이상일 경우' 수출 할당량에 제한을 두지 않는다는, 조건부 합의가 이루어졌다.

# 스페셜티는 어떻게 스페셜한가?

그렇다면 이 '스페셜티 커피'의 '스페셜'한 품질을 결정하는 주체는 누구인가?

스페셜티가 등장하기 이전의 커피업계에서는 브라질 방식으로 대표되는 생산국 '등급 구분'이 품질 평가의 주류였다. 그러나 이는 '감점제'였다. 커피콩은 농산물이기 때문에 아무리 잘 관리하더라도 곰팡이나 벌레 먹은 것, 미숙한 채 수확된 콩 등이 섞여들 가능성이 있다. 그 종류와 혼입 양을 찾아 '결점수'를 산출한 뒤 그 점수를 반영해 등급을 구분하는 방식이다. 산지에 따라 생두의 크기, 고도에 의한 선별 등이 평가 조항에 반영되기도 한다. 하지만 이는 '향미에 문제없는 레벨'을 '가능한 한 많이' 생산하는 데 적합한 평가 방식이었다.

이에 반해 SCAA의 스페셜티는 '가산제' 평가를 채택했다. 커핑폼이라고 불리는 채점표 조항에 따라 향과 산미 등 향미의 요소별 점수를 부여하고, 그걸 합산한 총점으로 평가하는 방식이다. 따라서 '향미에 문제가 없는' 정도로는 높은 점수를 받을 수 없다. 어떠한 특징이든 뛰어나지 않으면 스페셜티가 될 수 없도록, 규정된 연수교육을 받고 시험을 통과한 인증감정사가 평가를 했다.

스페셜티 커피 심사는 SCAA 관련조직 커피품질협회CQI에 의뢰하는데, 평가자 전원이 (원칙적으로) 80점 넘는 점수를 부여하면 스페셜티로 인증하는 방식이다. 한편 컵오브엑셀런스COE에서는 SCAA 방식과는 약간 다른 커핑폼을 사용한다. 예선 통과 점수도 80, 84, 86점으로, 매년 허들을 높여가는 추세다.

조금 더 보충 설명을 하자면 '스페셜티'와 '스페셜리티'는 미국식 영어와 영국식 영어의 차이에서 오는 것일 뿐, 둘 다 맞는 표현이다. 미국과 일본의 협회는 전자를, 유럽은 후자를 주로 사용한다.

마지막 세 번째 이유는 스페셜티 인지도 향상을 위해서였다. 그
들이 결탁해 선전활동을 펼친 결과 1년 후에 시장의 3%, 1985년에
는 5%를 점유하는 등 고품질 커피는 조금씩 미국에 확산되었다.


## 천하를 점령한 이단아 '스타벅스'

그리고 1986년, 스페셜티 업계를 뒤엎어버린 '그 회사'가 등장한다.
잘 알려진 '스벅', 바로 스타벅스 커피다. 어? 생각보다 늦네? 하
고 생각하는 사람이 많을지 모른다. 사실 스타벅스는 1971년에 창
업됐다. 피트의 '강배전 고품질 커피'에 매료된 제리 볼드윈, 고든
바우커, 제브 시글 등 세 명이 시애틀에서 시작한 회사이다. 그러
나 당시의 모습은 지금 우리가 아는 스타일과는 사뭇 달랐다. 자가
배전 원두를 판매하는 소매 중심의 작은 가게였기 때문이다.

그것이 현재와 같은 스타일이 된 것은 하워드 슐츠라는 경영자
에 의해서다. 1981년 그들의 가게를 방문해 가능성을 간파한 하워
드는 이듬해 입사한 뒤 뛰어난 경영 수완을 발휘하기 시작했다. 그
리고 얼마 안 가 그의 관심은 에스프레소를 활용한 음료 판매로 이
어졌다.

1984년 그의 기획으로 점포에 병설한 바르(에스프레소 바)가 대
히트를 했다. 그러자 이것을 본업으로 내세워야 한다고 주장하는
슐츠와, 피트 같은 자가배전점을 이상향으로 삼는 볼드윈과 견해
차가 심해졌고, 의견을 굽히지 않은 슐츠는 독립을 했다. 그리고

1986년 에스프레소 판매점 '일 조르나레IL Giornale'를 개업했다.

한편 볼드윈은 원래 피트의 회사였던 '피트 커피 & 티'가 매물로 나오자 이를 사들이기로 했다. 하지만 그로 인해 거액의 빚을 떠안았고, 1987년 자금 상황이 악화돼 피트 커피와 스타벅스 둘 중 하나를 포기해야만 하는 갈림길에 섰다. 그때 볼드윈이 선택한 것은 자신이 동경해온 피트 커피였다. 스타벅스는 슐츠에게 매각됐고, 슐츠는 스타벅스라는 이름으로 일 조르나레를 합병했다. 우리가 아는 현재의 스타벅스 스타일은 1986년 슐츠가 창업한 일 조르나레에서 확립된 방식이다.

슐츠 자서전에 따르면 1983년 밀라노 여행 중 현지의 바르를 체험하면서 사업 아이디어를 얻었다고 한다. 그곳의 방식에 감동한 그가 '이것을 스타벅스의 콩으로 만들어보자'라고 생각한 것이다. 그러나 개업 초기에 가장 인기를 끈 것은 본격적인 에스프레소가 아니라 증기로 우유 거품을 내서 부은 카페라테였다. 이 스타일은 나중에 '시애틀 풍'이라 불리게 되었다.

사실 1980년대 중반 미국은 패션과 식사뿐만 아니라 문화 전반에 이탈리안 붐이 일던 때였다. 이런 흐름을 타고, 그때까지 커피를 마시지 않던 젊은층을 모두 끌어들인 것이 슐츠의 성공요인이었다.

슐츠의 스타벅스는 실상 스페셜티 업계의 후발주자였다. 그럼에도 그가 이끄는 스타벅스를 통해 많은 사람들이 스페셜티라는 존재를 처음 알게 되었고, 미디어들은 스페셜티 업계를 대표하는 신시대 기수로서 슐츠를 자주 등장시켰다. 또 그를 따라 에스프레소를 판매하는 가게가 점점 늘어나면서 미국 커피는 강배전 쪽으로 방향을 틀기 시작했다.

이렇게 미국의 스페셜티 시대는 1986년을 기점으로 한 전반과 후반의 스타일이 큰 차이를 보인다. 트리시가 말하는 '세컨드 웨이브'는 바로 이 후반 스타일을 가리킨다. 사실을 말하자면 그녀는 '스타벅스 대두로 자동화, 획일화한 에스프레소가 미국에 확산되는 시대'가 촉진됐다고 정의했지만, 스페셜티든 코모디티든, 그 이전 시대를 '퍼스트 웨이브'라는 용어로 뭉뚱그려 설명한 점은 짚어야 할 것 같다.

스타벅스는, 어떤 의미에서 그때까지의 스페셜티를 변질시켰다고 말할 수도 있다. 하지만 그의 약진이 없었다면 스페셜티 커피가 이만큼 일반에게 침투해 확산되기는 어려웠을 것이다. 스페셜티 업계 사람들에게 슐츠는 공과 과가 반반인 거물이 아닐까.


## 일본에 파급된 스페셜티

미국에서 불기 시작한 스페셜티 커피 바람은 5~10년쯤 지나 일본에도 상륙했다. 그 전에 고품질 커피에 주목한 기업연합이 1987년에 설립한 '전일본고메커피협회'가 일본 스페셜티의 선구자 역할을 하기는 했다. 그것이 본격적으로 주목받기 시작한 때가 1990년 카페 붐 도래 이후다. 앞서 말한 '자가배전 3인방' 중 이전부터 생두의 품질을 중시하던 카페 바흐도 스페셜티의 움직임에 주목한 곳 중 하나다. 그리고 이 무렵부터 자신들의 스타일에 맞게 응용하고 진화시켜 가는 자가배전 회사들이 나타났다.

그러나 최대의 전환기가 된 것은 1990년대 중반 스타벅스가 일본에 상륙한 시점이었다. 북미에서 사회현상이라고 불릴 정도로 화제를 일으킨 스타벅스가 세계에 진출하는 데 첫 디딤돌로 삼은 곳이 바로 일본이었다.

전통이 오래된 유럽이나 아직 커피 자체가 정착하지 못한 다른 아시아 국가들과 달리 일본은 1990년대에 카페 붐을 맞이하고 있었다. 그러니 스타벅스가 새로운 스타일의 커피를 세계에 알리는 중간 기착점으로 일본을 택한 것은 어쩌면 필연이었다.

또한 그 배경에는 일본의 커피 문화가 '갈라파고스화'해서 해외에 잘 알려지지 않았다는 점도 작용한 걸로 보인다. 특히 미국인에게 커피란, 자신들이 유럽에서 배워서 일본에 가르쳐준 문화로 간주되었다. 일본 독자적으로 '추구하는 문화'가 진화하고 있었다는 사실은 당시 누구도(일본인 스스로조차) 분명하게 인식하지 못하는 상황이었다. 그래서 더 일본을 접근하기 쉬운 대상이라고 판단했을지 모른다.

1992년 스타빅스는 호텔 메리어트 그룹과 함께 나리타공항에 직영점을 출점했지만 채 1년도 채 되지 않아 철수했다. 그 실패를 통해 일본 시장을 상세하게 파악한 스타벅스는 파트너 기업과 제휴하는 방식을 채택, 합병회사 '스타벅스 커피 재팬'을 설립한다. 그리고 1996년 긴자에 1호점을 출점했다. 이때 함께 한 파트너 기업은 오리지널 가방과 '아네스베agnes b' 등 패션 브랜드를 취급하던 사자비(현재의 사자비 리그)였다.

의외라고 생각할지 모르지만 사자비는 본래 '에프터눈티 티룸'과 'KIHACHI' 등 고메 지향 음식 브랜드를 가지고 있었다. 그 노하우를 활용해 여성 고객을 주요 타깃으로 하는 브랜드 마케팅 전략을 펼친 결과가 적중했고, 일본에서 열광적인 '스타벅스 선풍'을 일으켰다.

이 성공으로 카페 테라스 등 '시애틀 계'로 불리는 에스프레소 중심 카페가 일본에서 급격하게 확산되었다. 툴리스 커피와 세가프레도 자네티 등 해외 기업도 상륙했고, 도토루 커피 같은 일본 체인들도 에스프레소 중심 카페를 오픈했다. 개인이 운영하는 카페에서도 에스프레소를 취급하기 시작하고, 그들 중 좀 더 본격적인 이탈리안 에스프레소를 지향하는 바리스타들도 등장했다.

일본에서도 스타벅스를 통해 스페셜티에 입문한 사람들이 많았다. 스타벅스의 보급과 함께 스페셜티 커피 자체 지명도도 높아졌다. 일본의 커피관계자들은 이전과 달리 미국의 움직임을 주목했고, 조지 하웰처럼 약배전을 프레스식으로 추출한 커피 등 시애틀 계 외의 미국 스타일을 추구하는 사람들도 나타났다. 이렇게 일본에서도 스페셜티 커피가 파도처럼 유행하기 시작했다.

2003년, 전일본고메커피협회가 '일본스페셜티커피협회scaj'로 새롭게 발족했다. 이 단체가 SCAA 등 해외 유관 단체들과 연계해 스페셜티 커피 보급 활동을 활발하게 전개하고 있다.

## 냉전이 만들어낸 공정무역

스페셜티 커피는 품질이 점점 나빠지던 코모디티 커피에 대한 일종의 안티테제였다. 하지만 1980년대 미국에서는 이 이외에도 몇 가지 '코모디티 안티테제'가 생겨났다.

그 중 하나가 공정무역Fair Trade 커피이다. 한마디로 말하면 '저임금으로 일하는 커피 생산자들에게, 그 노동에 합당한 임금이 지불되도록 하자'는 것이 공정무역 이념이다.

역사적으로 볼 때 커피는 전쟁 이전엔 노예와 식민지 주민, 전쟁 이후에는 개발도상국 주민들의 노동력을 착취해 생산해온 작물이다. 그 사실을 알게 된 소비자들 중 생산자의 궁핍한 삶을 개선하려 노력한 이들이 각 시대에 나타났었다. 그런 선구자들 덕에 19세기 인도네시아 강제재배 반대운동과 브라질 노예해방이 이루어졌다.

마찬가지로 1980년대 개발도상국의 현실을 알게 된 사람들에 의해 공정무역 운동이 일어났다는 정도로 요약할 수도 있겠지만 이 운동이 활발해진 배경에는 '남북문제'만큼이나 심각한 '동서문제'가 자리잡고 있었다. 냉전체제 아래 중미분쟁에 농락당하던 생산자들을 돕기 위한 정치운동이 그 발단이었기 때문이다.

당시 중미에서는 친미파 군사 독재정권에 의해 민중 탄압과 착취가 만연했다. 그에 저항하는 반정부 게릴라를 소련이 지원하고 있었다. 그 결과 1979년에는 니카라과 혁명, 1980년에는 엘살바도르 내전이 발발했다. 한편 1981년 취임한 레이건 미국 대통령은 철저한 반공주의를 주창하면서 니카라과 혁명정부에 대해 경제제재를 가하고, 나카라과 반공 게릴라 조직 및 엘살바도르 친미 정부에 대한 군사지원에 나섰다.

그런 상황에서 미국 내 일부 커피관계자들이 미국 정부의 개입이 중미 혼란을 가중시키고 커피 생산자들을 힘들게 한다며 반대운동을 펴기 시작했다. 그 필두에 SCAA 3대 회장이던 '땡스기빙 커피'(캘리포니아)의 폴 카체프가 있었다. 1985년 니카라과 혁명정부에 초빙돼 농민의 궁핍한 상황을 목도한 그는 니카라과산 커피 수입 정지조치를 무효화하기 위해 레이건 정부를 상대로 소송을 제기하고, 캐나다를 경유해 니카라과산 커피를 수입 판매한 뒤 그 일부를 혁명정부에 기부하는 등 적극적 행동으로 언론의 주목을 끌었다.

또한 그는 '네이버 투 네이버'라는 좌익활동가 그룹과 함께 '엘살바도르 커피는 국민의 피로 만들어진다'라는 구호 아래, 엘살바도르산 커피를 사용하는 '퍼스트 웨이브 세대'의 대기업을 지명해 비난하고 불매운동을 주도했다. 그 결과 여러 회사가 엘살바도르산 커피 사용을 중지했고, 사용을 계속하던 회사들은 적극적인 불매운동의 표적이 되었다. 그리하여 대기업 배전회사들이 정부에 엘살바도르 정세 안정화를 요청하는 상황으로까지 이어졌다.

시간이 흐르면서 '공정한 커피'를 사용하는 것이야말로 기업의 사회적 책임을 다하는 행위로 인식되기 시작했다. 그리고 1988년에는 NGO 막스 하벨라르 재단에 의해 국제적인 공정무역 인증제도가 도입되었다. 커피회사들은 공정무역 인증커피를 사용하는 것으로 기업의 사회적 책임에 동참한다는 이미지를 어필했다.

1980년대 후반부터는 유럽과 미국의 에콜로지 붐을 배경으로 대규모 커피 재배에 의한 환경파괴를 문제 삼는 사람들이 생겨났고 생산국의 환경보호를 요구하는 운동이 활발하게 전개되었다. 그 선봉에는 열대우림 보전을 주장하는 '레인포레스트 얼라이언스'와 철새의 생태계 보호를 주장하는 '버드 프렌들리 커피' 등, 소위 '에코 인증' 커피들이 있다.

이들도 공정무역처럼 코모디티에 대한 안티테제 성격을 지닌다. 다만 조금 삐딱하게 생각하자면, 그때 이후 반코모디티파 사람들은 시사적인 소재를 여러 방면으로 활용해 자신들의 발언권을 강화하는 도구로 삼는다고도 볼 수 있을 듯하다.


## 커피를 습격한 두 번의 위기

미국에서 스페셜티와 공정무역 움직임이 확산되던 1990년대 초, 커피를 둘러싼 상황이 급변했다. 코모디티 커피를 지탱하던 국제커피협정이 붕괴하면서 가격이 폭락한 것이다.

품질을 중시하는 스페셜티 및 공정무역은 사실 코모디티라는 '보통 커피'가 건재하다는 가정 하에 그 존재가치를 인정받는 개념이었다. 시장가격 폭락은 가장 먼저 생산자를 위협하였고, 나아가 커피산업 자체를 무너뜨릴 수도 있는 위험요인이었다. 이후 오래 지않아 커피 가격은 제자리로 돌아왔지만 1997년 들어 또다시 폭락을 맞이한다. 이 두 번의 폭락을 '커피 위기'라고 부른다.

## 제1차 커피 위기

스페셜티가 대두하면서 미국이 고품질 지향으로 변화하던 1980년 대 후반부터 국제협정의 부작용은 점점 더 심각해졌다. 더욱이 이 무렵 동서냉전 시대가 저물면서 중남미 공산화를 막는다던, 당초 미국의 국제협정 지지 의도도 흐려지기 시작했다.

그러던 중 제5차 협정이 갱신될 예정이던 1989년, 부작용을 수 정하자는 미국과 생산국의 의견이 정면으로 대립했다. 양측의 견해 차가 너무 커서 조정이 불가능하다고 판단한 국제커피기구ICO는 7 월 4일 모든 수출 제한을 해제한다고 전격 발표했다. 이 조치 이후 생산국들이 재고로 묶어두었던 생두를 한꺼번에 시장에 내놓으면 서 1990년 들어 시장가격이 절반 수준으로 폭락했다.

이것이 제1차 커피 위기라고 불리는 대폭락이다. 이후에도 가 격은 정상화되지 않은 채 교섭이 난항을 거듭하고, 1993년 미국은 ICO에서 탈퇴해버린다. 한편 아시아와 중남미, 아프리카 생산국은 '커피생산국협정ACPC'이라는 카르텔을 새로 결성해 생산국 간 수출 할당량을 조정하기 시작했다.

## 제2차 커피 위기

커피 가격은 1994년 브라질 대서리 피해를 기점으로 한동안 정상 적인 수준을 유지하다 1990년대 말로 들어서면서 다시금 폭락을 겪었다. 이것이 바로 '제2차 커피 위기'이다.

이 두 번째 폭락을 초래한 것은, 앞서 소개한 ACPC에 가입하지 않았던 복병 베트남의 증산이었다. 본래 생산량도 적고 눈에 띄지도 않던 베트남이 1986년 도이모이 정책(대외 개방, 시장경제 활성화를 골자로 한 베트남의 개혁 정책) 이후 프랑스와 국제통화기금IMF 등으로부터 자금 원조를 받아 기후에 적합한 로부스타 재배에 주력한 것이다. 그리하여 1999년에는 브라질에 이어 세계 생산량 2위가 될 정도로 급성장했다. 또한 1990년대에 생두를 증기처리한 후 배전하는 방식으로 로부스타의 향미를 개선함으로써, 저가 로부스타 수요가 증가했다. 베트남은 1995년 미국과 국교를 회복함으로써 대미 수출도 가능해졌다. 이러한 요인들이 종합적으로 작용해 공급과잉으로 이어졌고, 커피 가격은 또 한 번 폭락했다(멕시코와 브라질 신흥 산지들의 증산도 영향이 있었다고도 한다).

이후 커피 가격은 하락을 거듭해 2002년에 바닥을 쳤고, 이 과정에서 존재 의의를 잃어버린 ACPC는 해산했다. 한편 같은 해에 미국이 ICO 복귀 의사를 표명했다(실제 복귀는 2005년). 미국의 이 같은 태도 변화와 관련해 사람들은 2001년 미국에 동시 다발 테러가 나자 중미와 아프리카가 테러 세력 지원으로 나서지 않도록 단속하겠다는 정치적 의도가 깔려 있을 거라며 의혹 어린 시선을 보냈다.


## 천하제일(?) 품평회

이런 위기들을 겪는 동안 생산국들도 고부가가치를 지닌 상품을 개발하기 위한 움직임을 활발하게 전개했다. 1997년 ICO는 UN 산하 국제무역센터와 손잡고 '구르메 커피 가능성개발 프로젝트'(이하

구르메 프로젝트)를 설립한다.

이 프로젝트의 목표는 생산기술과 지식이 부족한 개발도상국에 고품질 커피를 재배하도록 독려해 높은 가격으로 판매할 경우, 농업 진흥이 가능한지를 검토하기 위함이었다. 3개의 소비국(미국, 일본, 이탈리아)에서 시장 수요를 조사한 후, 5개의 생산국(브라질, 에티오피아, 우간다, 부룬디, 파푸아뉴기니)에서 재배를 하는 방식이었다. 그리하여 1998년 최초의 프로젝트 커피가 브라질에서 출하되었다. 브라질의 검증된 커피감정사들이 채점한 후 미국에 샘플을 보냈지만 미국 커피회사는 '가격에 걸맞은 품질이 아니다'면서 매입을 거부했다.

이대로 가다가는 프로젝트가 실패할 수도 있다고 판단한 ICO는 이듬해인 1999년, 기존 브라질식 품평회 대신 SCAA 방식으로 채점을 진행하기로 결정했다. 이 결정이 브라질의 자존심에 상처를 주면서 분분한 논란을 일으켰지만, 최종 심사는 미국을 중심으로 한 13명의 컵테이스터들에 의해 이루어졌다.

실은 이때의 심사원 중 한 명이 '클린컵파'인 조지 하웰이었다. 그가 운영하던 회사 '커피 케넥션'은 1994년 적대적 매수를 통해 스타벅스에 합병되었고, 그는 구르메 프로젝트 대표 고문으로 변신한 상태였다. 스페셜티의 주도권을 '강배전 에스프레소파'에게 빼앗기기는 했지만 그의 영향력은 여전히 건재했다.

그 이외 컵테이스터도 케네스 데이비드, 테드 링글 등 당시 커피 업계를 대표하는 이들이었다. 일본에서도 프로젝트 고문 중 한 명으로, 이후 일본스페셜티커피협회 회장을 역임한 하야시 슈고가 참가했다. 이렇게 1999년 '브라질 최고의 커피'를 결정하기 위한 품평회 커핑 콘테스트 '베스트 오브 브라질'Cupping contest 'Best of Brazil'이 개막했다.

품평회에는 6개 지역에서 출품한 315개의 커피가 모였다. 이때 품질 좋은 커피들이 많이 나와 세계적 컵테이스터들의 미각을 만족시켰다. 주최 측은 품평회에서 상위 10위 안에 입상한 커피에 '컵 오브 엑설런스cup of Exellence, COE'라는 이름을 부여했다.

그리고 당시 심사위원 중 한 사람이 입상한 콩의 옥션 판매를 진행해보자는 의견을 즉석에서 제안하면서 SCAA가 개설한 옥션 전용 사이트를 통한 판매가 결정되었다. 그 결과 품평회에서 1위를 차지한 커피콩의 가격이 무려 2.6달러, 당시 평균 거래가격 1.3달러 전후(파운드 당)의 두 배에 낙찰되었다. 다른 입상작들의 가격 역시 평균 1.7달러라는 고가를 기록했다.

이렇게 개최된 제1회 COE 품평회는 대성공을 거두고 막을 내렸다.

# 커피 신세기의 도래

컵 오브 엑설런스의 시대로 • 커피에 끌리는 동아시아 • 서
드 웨이브란 무엇일까? • 서드 웨이브의 무대 뒤 • 일본 커
피의 재평가 • 일본 커피의 신세기 • 커피의 미래를 생각한다

이제 이야기는 21세기로 접어들고, 커피 역사를 둘러보는 오랜 여정도 끝나간다. 20세기 말에 시도된 구르메 커피 프로젝트의 성공은 한 줄기 광명이 되어 커피 생산국에 새로운 가능성을 싹틔웠다. 그리고 한국과 중국이 새로운 소비국으로 급성장하면서 미국에서는 '서드 웨이브'의 기운이 높아졌다. 이번 장에서는 현재까지의 흐름을 반추하면서 커피의 미래에 대해 생각해본다.

## 컵 오브 엑설런스의 시대로

브라질의 구르메 프로젝트 성공은 다른 생산국에게도 큰 영향을 주었다. 그리고 과테말라(2001년), 니카라과(2002년)에서도 COE를 결정하는 컨테스트와 옥션이 개최돼 성공을 거두었다.

하지만 이런 흐름은, 애초 '구르메 커피의 가능성을 찾는' 게 목적이던 프로젝트가 본래의 기능을 잃었다는 것을 의미하기도 했다.

따라서 본래의 활동을 지속하기 위해 조지 하웰과 하야시 슈고 등 과거 프로젝트의 고문들이 중심이 되어 2002년 '얼라이언스 포 커피 엑셀런스ACE'라는 비영리단체를 결성했다. 그때까지 옥션과

SCAA가 협동으로 진행하던 커핑 방법도 이때부터 갈라졌다.

이후 COE의 상표는 ACE가 이어받아 브라질 외 11개 가맹 생산국에서 매년 개최하고 있다. 한편 SCAA는 표준적인 스페셜티를 취급하면서, ACE 비가맹 생산국과 공동개최하는 콘테스트와 옥션을 추진하게 되었다.

커피 콘테스트는 점점 더 흥행해 상위에 입상하는 농원 및 품종이 커피 관계자들의 주목을 한몸에 받기 시작했다. 그중 가장 파격적인 것이 2004년 파나마에 혜성처럼 나타난 품종 '게이샤'이다.

원래 이 품종은 1930년대에 에티오피아 서남부 게이샤(또는 게샤)라는 마을에서 발견된 야생종으로 케냐, 탄자니아, 코스타리카를 거쳐 1963년에 돈파치 농원의 프란시스코 세라신에 의해 파나마에 퍼졌다. 내녹병 품종으로 재배했지만 수확량이 적은 데다 당시에는 게이샤의 독특한 향이 '밸런스가 무너지는 커피답지 않은 커피'로 혹평을 받았기 때문에 거의 모든 밭에서 다른 품종으로 교체되었다고 한다.

그러던 2004년, 에스메랄다 농원의 피터슨 가족이 새로 매입한 농장 한쪽에 남아 있던 오래된 나무에서 수확한 생두를 '베스트 오브 파나마'에 출품했고, 레몬과 베르가못을 연상시키는 독특한 향미를 지닌 이 커피가 참가자들을 사로잡았다. 1등상을 거머쥔 이 커피는 시장가격의 20배 넘는 21달러(파운드당)에 낙찰되며 사상 최고가를 경신했다.

그 직후부터 게이샤 재배지는 파나마는 물론 세계 각지로 퍼져나갔다. 그 외에 엘살바도르에서 탄생한 품종 '파카마라(왜성 품종

파카스와 대형화 품종 마라고지페의 교배종)' 및 인도네시아와 카메룬을 거쳐 중남미에 들여온 에티오피아 야생종 '자바' 등 다양한 품종이 주목받고 있다. 이런 흐름에 힘입어 에스메랄다 농원이 2008년부터 독자적으로 옥션을 개최하기 시작한 후 과테말라 COE 1위 단골인 엘 인혜르토 농원 등도 독자 옥션을 시작했다.

소비국의 커피업자와 생산자 간 교류 기회가 늘면서 농원에서 직접 매입하는 사례도 점점 증가하는 추세다. 지역과 품종뿐 아니라 특정 밭만을 골라 구매하거나 매입 후 정제 방법을 지정할 수 있는 농원도 생겨났다.

2010년경부터는 수세식 위주의 산지에 건식과 허니 정제를 채용해 향미를 통제하는 시도도 이루어지고 있다. 보졸레누보 와인의 마세라시옹 카르보니크macération carbonique(탄소가스를 이용한 침지법)처럼 특이한 기법을 커피 정제에 도입하는 등 진취적이며 개성 넘치는 시험을 하는 이들도 많은 듯하다.

이렇게 생산자들은 지금도 개성 넘치는 고품질 커피 만들기에 주력하고 있다. 물론 그 시도가 모두 성공하리란 보장은 없지만, 다양한 개성을 지닌 커피가 속속 태어나고 있다는 점만은 분명하다.


## 커피에 끌리는 동아시아

국제협정이 파기된 후 21세기에 접어들며 비가맹국을 대상으로 한 수출이 활발해졌다. 브라질 등 생산국들의 경제가 발전하면서 국내 소비도 늘었다. 특히 눈에 띄는 변화는 한국과 중국의 급격한 소비 확대였다.

본래 차 문화가 발달했던 동아시아의 경우, 일본의 커피 소비가 가장 많았고 서구화가 빨리 진행된 대만이 그 뒤를 이었다. 반면 한국과 중국의 커피 보급은 더딘 편이었다.

한국에서는 1990년대 무렵 인스턴트커피 소비량이 증가하고 있었다. 특히 애용된 것이 1976년 동서식품이 개발한 '커피믹스'였다. 한 잔 분량의 커피와 설탕, 분말밀크 등 세 종류 과립이 하나의 봉지에 들어 있는 이 제품은 스틱 끝을 뜯어 컵에 넣고 물에 녹여 마시는 것이 일반적이다.

1990년대 베트남의 로부스타 증산이 이러한 인스턴트커피 제품을 뒷받침했다. 여기에 1997년 외환위기 때 한국 기업들이 경비 절감을 위해 사무실에 상비하면서 폭넓게 인기를 끈 것으로 보인다.

그리고 1999년, 스타벅스가 한국 1호점을 냈다. 이를 계기로 한국에서 일본보다 더 열광적인 카페와 레귤러커피 붐이 일기 시작했다. 이후 해외 기업 진출이 이어져, 한국 태생 커피 기업들과 경쟁하면서 길거리 곳곳에 카페가 들어섰다. 여러 개의 카페가 서로 마주보거나 한 집 건너 한 집으로 생겨날 정도였다. 여기에 영어 구사능력이 높은 한국인들이 적극적으로 미국의 커피 정보를 배우고 세계에서 가장 많이 큐그레이더(커피를 감별해 등급을 매기는 커피 감정사)를 취득한 나라가 되는 등 스페셜티 커피 소비국으로 급성장했다.

한편 중국에도 1999년 베이징에 스타벅스 1호점이 생겼지만 한국과 대조적으로 이때는 성황을 이루지 못했다. 그 배경에는 글로벌 기업에 대한 반감도 작용한 모양이어서, 2000년 고궁박물원에 출점했을 당시에는 크게 물의를 일으켰다. 이 점포는 스타벅스의 매출이 바닥이었던 2007년에 철수했다.

상황이 급변한 것은 2008년 리먼 사태 이후부터다. 중국 정부 주도로 4조 위안 규모의 경기 부양책이 실시되고 인민은행이 금융을 완화하면서 재빨리 불황에서 탈출한 중국은 버블 시대로 돌입했다. 이와 함께 소비자의 구르메 지향과 고급 지향성이 강해지며 스페셜티 등 고급 커피 붐이 일어났다. 윈난성과 대만에서 커피 재배도 시작돼 고급 제품으로 판매되는 상황이다. 이렇게 시작된 중국의 커피 인기는 앞으로 더욱 높아질 것으로 보인다.


## 서드 웨이브란 무엇일까?

한편 미국에서는 21세기 들어 '서드 웨이브'가 본격적으로 도래했다. 그런데 이 서드 웨이브란 대체 무엇일까? 만약 당신이 이런 질문을 받는다면 어떻게 대답할까? 2003년 트리시가 최초로 이 표현을 사용했을 때, 그는 다음과 같은 특징을 들었다.

- 자동화. 획일화한 스페셜티(스타벅스 등)와는 다른 유형의 카페.
- 자신의 손으로 한 잔씩 정성스럽게 커피를 내린다.
- 저 콩 혹은 이 콩은 아니라는 식의, 선입관에 얽매이지 않는다.

이때 그녀가 든 사례는 과거 3회의 세계바리스타선수권에서 활약한 노르웨이 바리스타들이었다. 2005년경 〈LA타임스〉와 〈뉴욕타임스〉, 영국 〈가디언〉 등에서 이 말을 소개하기 시작할 무렵만해도 '작은 가게의, 타투를 새긴 바리스타들'이라는 등 트리시의 이미지에 가까운 곳들이 소개되었다.

여기에 저널리스트 미셸 와이즈맨이 저서 《God in a Cup》(2008)에서 1990년대 후반에 개업하고, 직접 거래를 한다는 특징을 추가했다. 당시 그녀가 꼽은 구체적 사례가 '서드 웨이브 3인방'이라 불리는 카운터컬처 커피(더럼), 인텔리젠시아 커피&티(시카고), 스텀프타운 커피 로스터즈(포틀랜드)였다.

그리고 2010년경부터는 2000년대에 개점한 샌프란시스코 베이에어리어의 마이크로 로스터(소규모 자가배전점)인 리츄얼, 블루보틀, 포바렐, 사이트글래스 등이 주목받기 시작했다. 그 중 블루보틀 창업자 제임스 풀맨은 2000년대에 일본을 방문해 다이보 커피점(현재는 폐점)과 카페 드 람부르, 카페 바흐 등 수많은 커피숍을 돌아본 일본 통이다.

한편 일본의 미디어는 종종 이들을 서드 웨이브의 중심으로, 또는 스타벅스 다음으로 오는 '구로부네黑船(일본의 개국을 요구하며 들이닥친 외국의 검은 증기선)'로 소개하고 있다.

이렇듯 세상에 태어난 지 10년 정도밖에 안 된 서드 웨이브라는말은, 그 대표라 할 회사와 스타일이 계속해서 변화하는 중이다. 본래 이 말을 사용한 트리시조차 'Wave'라고 불러도 될지 모르겠다고 언급했듯 그 정의(?)는 매우 애매했다. 만일 그녀가 올바른 미국 커피 역사를 바탕으로 명확한 시대 구분을 했다면, 이렇게 애매한 상황이 연출되지는 않았을 것이다.


## 서드 웨이브의 무대 뒤


참으로 막연한 용어이지만, 서브 웨이브라는 말을 사용하는 사람들에게 공통되는 특징이 하나 있다. (당연하지만) 세컨드 웨이브와는 다르다는 것, 즉 '스타벅스에 대한 안티테제'라는 점이다. 그 때문에 스타벅스의 동향을 좇다보면 서드 웨이브 변천사의 무대 뒤를 볼 수 있다.

1996년 일본 진출에 대성공한 스타벅스는 이후에도 싱가포르, 한국, 중국, 스위스 등으로 규모를 확장하면서 커피계의 거인이 되었다. 그러나 2000년 슐츠가 CEO에서 물러난 후 사업 확대를 위해 무리한 출점을 계속하면서 휘청거리기 시작했다. 설상가상 커피 품질이 떨어지고 실적이 악화되었다. 내놓는 타결책마다 효과를 보지 못한 채 미궁 속에서 허덕였다.

2007년 세계 금융위기로 인해 주식마저 하락하면서 존망의 위기에까지 다다르던 2008년, 슐츠가 CEO에 복귀한다.

그는 복귀 일성으로 전미 점포를 일제히 폐쇄하고 스태프 전원에게 에스프레소 추출법을 재교육시킨다는 기책을 내놓았다. 이후 대규모 사업 개편을 단행해 2011년 3분기부터 흑자로 돌아서는 데 성공했다. 이로써 슐츠는 '두 번째 기적을 일으켰다'고 평가받았다.

그런 의미에서 볼 때 서드 웨이브라는 말이 등장한 2003년은 스타벅스 이미지가 바닥으로 추락한 시기였다. 즉 '서드 웨이브 제1파'는 1980년대 스타벅스의 활약 덕에 성장한, 그러니까 트리시가 말한 '작은 가게 바리스타'들이 약해지는 스타벅스에 대항한 안티테제였던 셈이다.

반면 '서드 웨이브 제2파'의 중심 멤버는 COE에서 상위 낙찰을 반복했던 사람들, 즉 ACE와 관계가 깊은 사람들이었다. 사실 ACE 설립의 주역은 슐츠에게 몇 번이나 쓴맛을 보았던 조지 하웰이었다. 그들과 스타벅스는 처음부터 '견원지간'이었던 것이다.

21세기 들어 우수한 커피 생산자와 소비자들 간 직거래 움직임이 활발하게 일어났다는 점은 이미 설명했다. 한편 스타벅스도 1998년부터 시험적으로 운용하던 계약농가와 공정무역 및 에코 인증커피 구매제도에다 2004년 '고품질 커피 재배와 가공의 권장'을 덧붙인 제도( C.A.F.E프렉티스)를 도입했다. 그런데 이 제도에는 다른 업자보다 우선적으로 스타벅스와 생두를 거래한다는 계약이 들어 있었다. 바꿔 말하면 고품질 커피 생산자를 스타벅스 독점계약 농가로 포섭하려 한 것이다. 이로 인해 ACE와 스타벅스의 이해관계가 직접적으로 충돌한 측면도 있었다.

'서드 웨이브 제3파'는 일본의 자가배전점에 가까운 스타일로, 배전과 추출 등 방법 자체는 제2파와 크게 다르지 않다. 다만 베이에어리어라는 지역 특수성(실리콘밸리를 지키며 수많은 혁신기업을 탄생시킨, 뉴욕과 어깨를 나란히 하는 정보발신지)에 입각하고 있다고 말해도 좋을 것이다.

원래 의미와는 상관없이 서드 웨이브라는 말은 투자가들에게 스타벅스 뒤를 이어 성장할 기업이라는 의미로 받아들여졌다. 리먼 쇼크로부터 다시 일어난 2010년 이후 미국에서는 스타벅스 부활 드라마까지 뒷받침되면서 서드 웨이브 기업에 대한 기대와 투자가 커졌다.

이때 스타벅스 다음으로 커피업계의 슈퍼스타가 나타난다면 그 주인공은 애플 등 수많은 혁신 기업을 탄생시킨 베이 에어리어 인근 기업은 아닐까? 하고 투자가와 미디어들이 주목하기 시작했다. 게다가 이 자금원의 대부분이 실리콘 밸리 기업인들이었다. 그러니까 기왕이면 매일 다닐 수 있고 잘 아는 곳에 출자하고 싶은 그들의 속내가 작용한 듯하다.

이렇게 해서 등장한 대표 주자가 블루 보틀이다. 특히 '커피계의 애플'이라는 별명이 붙여진 블루 보틀은 4,500만 달러의 자금 조달에 성공해 2015년 (스타벅스가 세계 진출의 발판으로 삼았던) 일본으로 진출하게 된다.

## 일본 커피의 재평가

미국에서는 2000년대 후반부터 서서히, 이전에는 거들떠보지도 않았던 일본의 커피에 주목했다. 서드 웨이브 제2파 이후 사람들이 일본제 커피 추출기구를 사용하기 시작한 것이다.

스타벅스에 의한 에스프레소 보급은 그때까지 미국에서는 일반적이지 않았던 '한 잔 추출'의 보급이기도 했다. 그러나 ACE의 조지 하웰에게 큰 영향을 받은 서드 웨이브 제2파는 '약배전' 지향이 주류였다. 본래 이탈리아에서 강배전 원두를 내리기 위해 탄생한 에스프레소는 '약배전'에 어울리지 않는 방법이다. 물론 약배전 에스프레소를 좋아하는 사람도 있지만 일반적이지 않은 게 사실이다.

따라서 약배전파 사람들은 당초 북유럽 보덤 사 등의 프랜치프레스를 주로 사용했다. 약배전의 향을 좀 더 살리기 위해 여러 시행착오를 거치며 그들이 시험한 것 중에는, 주사기 같은 구조의 '에어로 프레스'라는 기구와 일본에서 사용되던 사이폰도 있었다.

사이폰은 본래 1910년대 미국에서 크게 유행했지만 오래 전에 버려졌다. 기구를 계속 만들고 있었던 곳은 일본의 유리기구 회사 HARIO 등 극소수였다. 그리하여 일본의 추출기구가 미국에 판매된 것이다.

여기에 2006년 미국에서 '클로버 커피머신'이라는 신형 추출기구가 발명되었다. 원리상 사이폰처럼 커피가루와 끓인 물을 섞어서 추출한 후 흡인 여과하는 구조지만, 추출 중 온도 조절 등이 가능하므로 원하는 대로 추출하기가 쉬워서 서드 웨이브 추종자들 사이에서 인기를 끌었다.

하지만 2008년 슐츠가 그 제조원을 매수해 스타벅스에서만 이 머신을 독점적으로 사용하도록 했다. 다른 추출기구를 모색할 수밖에 없었던 사람들이 주목한 것이 바로 페이퍼 드립이었다. 특히 HARIO의 V60 등 원추형 드리퍼가 각광을 받았다.

그런데 '푸어 오버'라고 불리는 미국인의 추출법은 정성스럽게

물을 붓는 일본의 킷사텐 드립과는 정반대다. 한꺼번에 물을 붓는 그들의 방식은 꽤나 거칠게 보이는데, 심지어 추출 중 드리퍼 안을 스푼으로 휘휘 젓는 사람까지 있다.

이렇게 드리퍼 안을 교반하는 것은 일본에서는 볼 수 없는 방법으로, 미국의 1920년대 문헌을 봐도 맛있게 드립하기 위해 절대로 해서는 안 되는 금기사항 중 하나였다. 아마도 추출조를 교반하는 사이폰과 클로버로부터 드립을 배운 사람들의 '방법'인 듯하다.

세계가 일본을 주목하게 된 계기는 2012년 메리 화이트가 저서 《*Coffee Life in Japan*》에서 일본 고유의 커피 문화와 킷사텐을 소개하면서부터다. 이를 계기로 일본의 커피는 점점 더 뜨거운 관심을 받는 추세다. 특히 이 책에 소개된 더치커피(적하식 워터드립)는 '교토 커피' 또는 '콜드 브루'라는 이름 아래 2015년경부터 미국에서 크게 유행하면서 새로운 트렌드로 전 세계에 확산되었다.


## 일본 커피의 신세기

이렇게 역사라는 밑그림 아래 21세기 일본의 커피를 돌아보면 몇 가지 특징이 드러난다.

최대 변화는 '글로벌화'이다. 20세기 말 스타벅스라는 '구로부네' 이후 해외 동향에 주목하는 커피 관계자가 부쩍 늘었다. 미국과 생산국 정보가 실시간으로 전해지면서 스페셜티 커피점들 중 COE와 서드 웨이브 등 유행을 재빨리 도입하는 가게가 두각을 나타냈다.

1990년대 초반에 창업한 호리구치 커피와 마루야마 커피가 그 대표주자이다.

약배전의 프루티한 향과 산미의 중요성을 강조하는 이들 커피는 1980년대 주류이던 쓴맛 강한 '자가배전점'의 맛을 거부하는 사람들 및 젊은이들을 팬층으로 확보했다. 그러나 다른 한편으로는 일본 독자 커피 문화를(물론 올드 팬이 많고 인기는 있지만) 시대에 뒤처졌다고 매도하던 시기이기도 하다. 그러다 2010년 이후 일본의 커피 문화를 해외에서 주목하면서 흐름이 확 바뀌었다. 이 부분이 참으로 일본스럽다고 할까. 우키요에(에도시대 풍속화)를 비롯한 다른 하위문화와 같은 일이 커피에서도 일어난 것이다.

섬세한 미디어 전략으로 성공을 거둔 스타벅스는 2015년 사자비 리그와 합병을 완료해 스타벅스 커피 재팬을 자회사로 전환하는 전략을 세웠다. 이후 서드 웨이브를 표방한 블루 보틀의 일본 진출과 준킷사를 재해석한 커피체인점 오픈 등 '포스트 스타벅스'를 노리는 움직임도 활발해졌다. 이 마케팅 전략 안에서 본래 제대로 된 의미를 지닌 커피 용어가 단순히 트렌드 만들기의 키워드, 키프레이즈로 소모되면서 점점 의미가 왜곡되는 위험도 커지는 것 같다.

## 커피의 미래를 생각한다

몇 가지 문제점은 있지만 현재 일본 소비자를 둘러싼 커피 환경은 전례가 없을 만큼 매우 풍요로운 편이다. 굳이 따지지만 않는다면 길을 걷다가 편의점과 자판기에서 손쉽게 커피를 구할 수 있고, 캔커피 하나일지언정 '가짜가 아닌' 진짜 커피를 마실 수 있다.

조금 더 골라서 마시기를 원한다면, 스페셜티를 판매하는 새로운 카페나 1970년대 정신을 이어받은 강배전 융드립 자가배전점처럼 취향이 서로 다른 킷사텐 커피를 골라 마실 수도 있다. 가장 오래된 커피 브랜드 '모카'든 21세기 신품종인 '게이샤'든, 기분에 맞춰 마시고 싶을 때 마실 수 있는…, 그야말로 호사스러운 환경이 아닐 수 없다.

집에서 내려 마시거나 직접 배전을 해서 즐기는 경우를 살펴보아도, 내가 취미로 커피를 시작한 지난 30년 간 많은 변화가 있었다. 예전에는 기구와 커피콩을 어디에서 사야 하는지 알기조차 어려웠으나 이제는 인터넷으로 손쉽게 구입할 수 있는 환경이니 얼마나 감사한가.

커피를 둘러싼 시대의 흐름은 지금 이 순간도 변하고 있다. 2015년 추계에 따르면 미국에서는 스페셜티 커피를 함께 소개하는 가게가 약 50%에 도달했다고 한다. 스페셜함이 더 이상 스페셜하지 않게 될 날도 멀지 않았을지 모른다. 서드 웨이브 업계의 동향도 급변해서 스텀타운과 인텔리젠시아는 독일 JAB홀딩스 산하 피츠 커피&티에게, 블루 보틀은 네슬레에게 매수되었다.

물론 좋은 변화만 있는 것은 아니다. 지금 상황을 이끄는 실리콘밸리와 중국의 경기도, 최근 일본의 커피붐도 언제까지 이어질지는 불분명하다.

사회가 변한 후에도 지금처럼 커피를 즐길 수 있는 상황이 지속될 거라고 보장할 수도 없다. 생산국으로 눈을 돌려보면 최근 고품질을 지향하는 이면에서 병충해에 약한 품종 교배 증가로 인해 신형 녹병이 유행하고 지구온난화에 의해 아라비카 생산지역이 축소하는 등 시시각각 다가오는 위험을 경고하는 목소리도 들린다. 또 지금은 '지속가능성'이, '공정무역'과 '에콜로지'에 이은 키워드로 부상하고 있다.

이러한 뉴스를 들을 때마다 지금 손에 들린 컵을 들여다보며 '어쩌면 정말로 커피를 못 마시게 되는 날이 오지는 않을까?' 걱정하기도 한다. 그러나 커피가 걸어온 역사를 생각하면, 적어도 커피라는 음료가 탄생한 이후 갖가지 변화를 겪기는 했지만 커피 자체가 완전히 사라진 적은 없었다.

커피에 대해 뜨거운 애정을 품은 사람이 있는 한 수십 년, 수백 년 후에도 세상 어딘가에서 누군가는 그 역사를 추억하며 한 잔의 커피를 마시고 있을 게 분명하다. 그렇다, 지금의 당신과 나처럼 말이다.

나는 전형적인 '이과형 인간'이어서 어릴 적부터 사회과(역사, 지리, 정치경제)에는 그다지 관심을 갖지 않았다. 대학시절 커피에 꽂힌 후에도 커피 화학이나 생물학적인 면에 먼저 관심을 가졌다. 그러다 커피나무 품종에 대해 식물학적인 자료를 조사하면서 역사와 지리 지식의 중요성을 깨달았다. 각각의 품종이 언제 어디에서 탄생했으며 어느 지역으로 옮겨갔는지, 그 내력과 경위를 알기 위해서는 당시의 시대 배경을 알아야만 했다.

매우 감사하게도 지금은 인터넷 보급 덕에 예전 같으면 상상할 수도 없는 수의 문헌이, 그것도 18세기의 프랑스어 문헌부터 유커스의 원서까지 간단하게 입수 가능하다. 또한 프랑스어와 라틴어로 쓰인 원서도 인터넷을 통해 영어로 번역한 뒤 다른 번역본과 대조하면서 내용을 검증할 수 있게 되었다. 그렇게 역사를 좇는 과정에서 생산국 측면만이 아니라 소비국과의 관계 및 정치경제 정세 등 여러 상황들이 머릿속에서 유기적으로 연결되기 시작했다. 알면 알수록 깊이가 느껴지고 나 자신의 공부가 부족함을 통감하는 요즘이다.

집필하면서 실생활과 인터넷을 불문하고 많은 이들로부터 다양한 배움과 도움을 받았다. 그 중에서도 '커피 오타쿠' 선배에 해당되는 츠지시즈모 요리교육연구소의 야마우치 히데후미 선생님과 이케가타니 씨에게 많은 조언을 듣고 심도 깊은 논의를 나눌 수 있었다. 그들과 교류를 가질 수 있도록 도와준 카페 바흐의 타구치 마모루, 후미코 부부에게도 이 자리를 빌려 감사 말씀을 전한다. 또 항상 지지해주는 시가대 의대 미생물감염증 학부 동료들, 지인, 친구, 가족들에게도 감사의 뜻을 전한다.

그리고 이 원고 집필 중이던 2016년 12월에 서거한 후쿠오카 '커피 비미'의 고 모리미츠 무네오 씨에게 애도의 뜻을 표한다. 생각해보면 에티오피아 예멘 모카에 대한 모리미츠 씨의 열정과 현지조사를 포함한 귀중한 견해 하나하나가, 커피 기원을 추적하도록 나를 독려한 최고의 동력이었다.

마지막으로 집필을 지원해준 고단샤 현대신서 고메자와 유키 씨와 아오키 편집장을 비롯해 전작 《커피 과학》으로 인연을 맺은 노가와 게이코 씨, 이에나카 노부유키 씨, 그리고 이 책에 관여한 고단샤의 모든 분들께 깊은 감사를 드린다.

2017년 9월,

탄베 유키히로

물살처럼 세차게 흘러가는 시간의 유속流速을 절감합니다. 이 책을 처음 번역하던 때가 엊그제 같은데, 벌써 7년이 지났습니다. 그사이 고맙게도 이 책은 8쇄를 찍었고, 새로운 트렌드에 맞추어 개정판을 내기에 이르렀습니다.

커피를 좋아하는 만큼이나 커피에 관한 이야기는 제게 늘 즐거움을 주었습니다만, 이 책은 처음부터 각별했습니다. 그때까지만 해도 국내에는 거의 소개되지 않았던 커피의 흥미진진한 역사를 들려주고 있었으니까요. 번역자이기 전에 한 명의 독자로서, 원서를 읽는 일이 마냥 좋았습니다. 낮에는 회사 일을 처리하고, 밤에 사무실에 홀로 남아 이 책 번역하던 시간의 설렘이 지금도 선명합니다.

아프리카 산속에서 태어난 커피나무가 아랍으로 건너가 제 존재 가치를 인정받고, 보석 사냥꾼이 다이아몬드 조각을 훔쳐내듯, 목숨 걸고 반출한 커피콩 몇 알이 훗날 영국 근대화와 프랑스혁명의 불쏘시개 역할을 하는 풍경이 얼마나 짜릿하던지요. 막 생겨난 커피하우스에 모여 으스대듯 신사상과 문화를 이야기했을 영국 남자들의 목소리가, 이전에 읽은 동시대의 문학 작품들과 교차되면서 제 귓전에 생생히 들려오는 듯했습니다. '미개한' 오스만제국 사절단을 베르사유 궁전으로 불러 프랑스의 화려한 문화적 우월성을 과시하려던 루이 14세가, 그들의 시큰둥한 반응에 불같이 화를 내며 '체통 없게' 상대국 외교 사절을 추방해버리는 대목에서는 쿡쿡 새어 나오는 웃음을 참기 힘들었습니다. 하지만 오스만제국 사절단은 파리에 머무는 50여 일 동안 수많은 사교계 인사들을 커피로 유혹해버린 뒤였으니, 이미 늦은 일이었지요.

'미각의 생리학'을 장황하게 설명하지 않더라도, 음식 속에 깃든 맛깔스러운 이야기를 알고 난 후의 맛은 그 이전과 확연하게 달라진다는 걸 우리는 잘 알고 있습니다. 더구나 쓴맛을 기본으로 하는 커피에서는, 정보에 따른 맛의 차이가 훨씬 더 크게 작용할 수밖에 없습니다.

지금 한국의 커피 붐은 폭발 직전의 풍선처럼 한껏 부풀어 오른 상태입니다. 그러다 보니 인터넷 사이트나 SNS에서도 커피 관련 자료들이 넘쳐납니다. 하지만 그런 정보 중에는 검증되지 않는 '카더라' 수준의 이야기나 잘못 짜깁기된 자료가 많아 우려스럽습니다.

이 책이 커피를 사랑하는 이들에게 여러 해 동안 사랑받은 이유 중 하나는, 비슷한 맥락에서 철저한 고증과 자료조사를 통해 커피 역사를 촘촘하게 엮어 내려간 점이 미덕으로 작용한 결과라고 봅니다. 유전학자이자 미생물학자인 저자는 20여 년간 축적한 커피 지식을 인류사의 물줄기를 바꿔놓은 굵직한 사건들과 한 땀 한 땀 교차시키며, 마치 거대한 태피스트리를 짜내듯 흥미롭고 독보적인 커피 역사 이야기를 들려주고 있습니다.

커피를 사랑하는 사람이라면, 아니 역사에 흥미를 느끼는 분이라면, 인류사가 시작된 수만 년 전 아프리카에서부터 아랍과 유럽을 거쳐 중남미와 20세기 미국의 커피산업, 그리고 21세기 세계인의 커피 트렌드까지 일괄하는 이 책을 꼭 읽어보시라고 권합니다. 책장에 꽂아두고 몇 번을 펼쳐봐도 늘 새로운 이야기로 독서의 즐거움을 선물할 것이라 자부합니다.

2024년 3월, 새로운 봄을 기다리며….

윤선해

**옮긴이 윤선해**

번역가이자 커피 관련 일을 하는 기업인이다. 일본에서 경영학과 국제관계학을 공부한 뒤 한국으로 돌아와 에너지업계에 잠시 머물렀다.

일본에서 유학할 당시 대학 전공보다 커피교실을 열심히 찾아다니며 커피의 매력에 푹 빠져 지냈기 때문에, 일본에서 커피를 전공했다고 생각하는 지인들이 많을 정도다. 그동안 일본 커피 문화를 소개하는 책들을 주로 번역해왔다. 옮긴 책으로 《새로운 커피교과서》《종종 여행 떠나는 카페》《도쿄의 맛있는 커피집》《호텔 피베리》《커피 스터디》《향의 과학》《커피집》《커피 과학》《커피 세계사》《카페를 100년간 이어가기 위해》《스페셜티커피 테이스팅》이 있다.

현재 후지로얄코리아 대표 및 로스팅 커피하우스 'Y'RO coffee' 대표를 맡고 있다.

# 커피 세계사

첫판 1쇄 펴낸날    2018년 10월 22일
개정판 1쇄 펴낸날  2024년 3월 20일

지은이 | 탄베 유키히로
옮긴이 | 윤선해
펴낸이 | 지평님
본문 조판 | 성인기획 (010)2569-9616
종이 공급 | 화인페이퍼 (02)338-2074
인쇄 | 중앙P&L (031)904-3600
제본 | 명지북프린팅 (031)942-6006

펴낸곳 | 황소자리 출판사
출판등록 | 2003년 7월 4일 제2003-123호
대표전화 | (02)720-7542  팩시밀리 | (02)723-5467
E-mail | candide1968@hanmail.net

ⓒ 황소자리, 2018

ISBN 979-11-91290-34-9  03900

* 잘못된 책은 구입처에서 바꾸어드립니다.